De Bem com a VIDA

Lauro Trevisan

São Paulo – 2016

De bem com a vida
Copyright © Petit Editora Ltda. 2016
Direitos autorais reservados.
É proibida a reprodução total ou parcial, de qualquer forma
ou por qualquer meio, salvo com autorização da Editora.
(Lei nº 9.610, de 19 de fevereiro de 1998.)

Direção editorial: **Flávio Machado**
Coordenadora editorial: **Isabel Ferrazoli**
Produtor gráfico: **Vitor Alcalde L. Machado**
Diagramação: **Vitor Alcalde L. Machado**
Capa: **Júlia Machado**
Imagem da capa: **Miramiska | Shutterstock**
Preparação: **Alesandra Biral**
Revisão: **Danielle Sales**

Ficha catalográfica elaborada por
Lucilene Bernardes Longo – CRB-8/2082

Trevisan, Lauro
   De bem com a vida / Lauro Trevisan. – São Paulo : Butterfly, 2016.
   176 p.

ISBN 978-85-68674-09-3

   1. Autoajuda   2. Autoconsciência   3. Felicidade   4. Viver bem
I. Título.

CDD: 614

Butterfly Editora Ltda.
Rua Atuaí, 389
Vila Esperança/Penha
CEP 03646-000 – São Paulo – SP
Fone: (0xx11) 2684-6000
www.editorabutterfly.com.br

Impresso no Brasil:
Expressão e Arte gráfica e editora

1-8-16-2.000

De Bem com a VIDA

Lauro Trevisan

São Paulo – 2016

Uma palavrinha

Hoje se fala muito em foco. Mas você sabe qual é seu primeiro foco? O foco número um? Acredite: o foco essencial é aquele sem o qual sua vida desmorona. Este livro colocará você no seu foco prioritário: viver bem.

Viver bem significa ser alegre, positivo, otimista, agradável, radiante. Ter alto-astral é fundamental. Pessoa triste é uma triste pessoa.

De nada vale ser rico e deprimido porque, neste caso, a vida se torna uma desgraça.

Somos originários da Suprema Felicidade e só desfrutaremos a melhor realidade quando acordamos alegres, bem-humorados, acreditando que o dia será sempre uma festa.

Para que isso aconteça, leia este livro. Aqui você encontrará o elixir que desperta sorrisos, faz a alegria do seu dia e abre belas relações familiares e sociais.

Leia de uma vez só, ou leia devagarinho, refletindo, semana a semana, sobre como é importante alimentar sua alma de pensamentos alegres.

E sua saúde agradecerá.

Beijos.
Com carinho,
Lauro Trevisan

Sumário

1. Pare enquanto é tempo – Você está na contramão — 11
2. Chegou a hora de voltar ao paraíso — 13
3. Seu dia a dia alegre — 17
4. Se a vida não é alegria, faça da alegria sua vida — 21
5. A caminho do trabalho — 25
6. Não buzine; levante mais cedo — 29
7. Chegue com "cara de muitos amigos" — 31
8. A alegria do trabalho — 33
9. Todo trabalho é prazer — 37
10. Acrescente entusiasmo ao que faz — 39
11. Crie as alegrias deste dia — 41
12. Construa uma fábrica de alegria — 43
13. Sobre cores, pinturas e imagens — 49
14. Produção de energia interna — 53
15. Faça o treinamento da alegria — 57
16. Agora ponha a indústria para funcionar em tempo integral — 59
17. A Lei de Causa e Efeito — 61
18. Sorria, sorria, sorria... — 63
19. Todos os caminhos levam ao sorriso — 67
20. A sabedoria milenar — 69
21. Jesus e a alegria — 71
22. Tenha a alegria da criança — 75
23. Os discípulos e a alegria — 79
24. O que quer dos outros, seja você — 81
25. Olhe o lado bom dos outros — 85

26. Não são os outros que fazem sua infelicidade — 87
27. Alegrias e alegrias — 89
28. Sorria, não há problema — 93
29. E quando há problema? — 95
30. Agora sorria despreocupadamente — 99
31. Seu personagem no palco da vida — 103
32. Escolha seu personagem — 111
33. Uma janela para o sol — 113
34. Acabe com a depressão e sorria para a vida — 119
35. A ação da depressão sobre o corpo — 123
36. A mente age no corpo — 125
37. O efeito da alegria sobre o corpo — 127
38. Como a alegria atua sobre o organismo — 129
39. Outros estímulos — 131
40. Agora mentalize... — 133
41. A alegria é o poder milagroso — 135
42. Agora mesmo — 137
43. Liberte-se do estresse — 139
44. O que fazer? — 143
45. Revendo o estresse — 145
46. Como a mente deve agir — 147
47. Mentalize o sucesso e a alegria — 151
48. Ajuda-te, que te ajudarei — 153
49. No começo, a mente — 155
50. Rir é o melhor remédio — 157
51. Divirta-se! — 161
52. Por fim... — 163

1

Pare enquanto é tempo – Você está na contramão

Provavelmente, esse aviso não se dirige a você. Mas é um anúncio que atinge grande parte da humanidade.

Deus criou este planeta como verdadeiro paraíso terrestre e grande parte de seus habitantes se autoexpulsam deste Éden maravilhoso.

A alegria é a maior energia da criatura humana e inúmeras pessoas vivem em um mar de tristezas.

O Mestre ensinou que você deve buscar o Reino dos Céus dentro de si e, entretanto, milhões de pessoas vivem no próprio reino do inferno. Marcham na contramão.

A felicidade é a essência da vida e, apesar disso, são incontáveis as pessoas que vivem à margem da sua própria essência.

Você existe para sentir-se bem neste mundo de Deus e, no entanto, possivelmente está imerso em uma depressão daquele tamanho.

A música é a linguagem do coração e muitos fazem dela a linguagem da dor e da frustração.

Toda criatura humana foi criada à imagem e semelhança de

Deus, tendo o poder de Deus em si e, ainda assim, há tantos que vivem no próprio submundo de miséria. A listagem seria longa. E cansativa. Essas pessoas fazem a viagem da vida na contramão.

Diga-me: também você está na contramão?

Se vai indo pela estrada oposta, pare agora mesmo e tome o caminho certo.

Salte da nau dos insensatos e entre no barco da felicidade.

Todo momento é momento de mudar de vida. Errar é humano. Permanecer no erro é masoquismo. Volte agora mesmo.

Ainda é tempo de acertar o caminho.

Chegou a hora de voltar ao paraíso

— Voltar para onde? — perguntará você surpreso.
— Ora, para onde! Para o paraíso perdido!

Conta a parábola bíblica que Adão e Eva foram colocados em um paraíso terrestre de delícias e de felicidade perene. Após ambos serem expulsos por terem infringido as regras impostas, o paraíso deixou de ser um território para tornar-se estado mental, situado no interior de toda criatura humana (cf. Gn 1-3). Trata-se de uma metáfora, sem dúvida, mas significa que o Criador não retirou definitivamente o projeto do paraíso, apenas o colocou no território interno do indivíduo. O acesso é pela mente. Pela mente. Não há outro portal de entrada.

O paraíso agora se chama felicidade. São raras as pessoas que conhecem o caminho da felicidade, por isso proclamam por aí que ela não existe. Ocorre que a buscam onde não está. O que entendem por felicidade, até mesmo os compêndios de Psicologia, não passa de momentos prazerosos, o que é bem diferente. Momentos prazerosos liberam endorfina, oxitocina, dietilamina, dopamina, opiamina, que são considerados hormônios do bem-estar e da felicidade. Mas felicidade não é feita de momentos e não é circunstancial. Felicidade é um estado de ser. É a essência humana. Está em nosso DNA. Portanto, não ser feliz é estar fora de si.

O que é felicidade?

Boa pergunta, porque até o momento a Psicologia não conseguiu defini-la.

Felicidade é sentir-se bem consigo mesmo, com a humanidade, com o universo e com Deus. Já expliquei isso detalhadamente em vários livros meus.

E felicidade expressa a harmonia do ser humano em si mesmo – corpo, mente, coração, espírito – e em sua relação íntima com a humanidade, o universo e Deus.

Em sua essência, a criatura humana é um todo harmonioso, positivo e feliz. Mas, pelo dom da liberdade, pode transtornar essa ordem e chafurdar na desarmonia, na dor, no sofrimento, na frustração e na autodesolação. A plantação é livre, a colheita é obrigatória.

Pode ser que você não esteja em seu paraíso interior. Não se perturbe por isso. Chegou a hora de sair desse exílio.

Independentemente do que tenha acontecido, isso já é passado. E o passado não tem nada a ver com sua vida atual; então, apague-o. O passado já passou, ensinou o que tinha de ensinar; agora nada mais tem a fazer em você.

Como aconteceu na parábola do filho pródigo (cf. Lc 15), agora você está de retorno à casa do Pai, onde tudo é alegria, bem-estar, abundância e felicidade.

O bem perdoa o mal. O presente perdoa o passado.

A vida não vai para trás; vai para frente.

A vida não involui: evolui.

Cair nas sombras do passado é sofrer o nada.

Lamuriar-se é perder tempo infantilmente e gastar energias à toa.

Não seja chato nem ridículo com você mesmo, a ponto de exercer-se uma doentia autopiedade por erros e trapalhadas cometidos.

Perdoe-se.

Você sabe que a vida perdoa.

Não seja mais severo consigo do que a própria natureza.

Faça como o filho pródigo: levante-se e volte agora mesmo para sua casa, a linda e ajardinada casa de seu coração amoroso e feliz.

O ontem não existe. Somente existem o hoje, o aqui e o agora.

Há dois dias nos quais você nunca poderá viver: o ontem e o amanhã. Sim, porque a vida é um eterno agora. E ser alegre agora é fácil, nem sequer exige esforço.

Será que você não está se levando a sério demais? A vida é tão curta que não vale a pena levar-se muito a sério. Descarregue o fardo. Brinque de viver. Brinque de ser feliz. Comece brincando de ser alegre.

Dê um soco mental em sua cabeça e grite: "Chega! Eu só existo neste momento. Eu sou o que sou agora. E agora eu sou outra pessoa. Agora eu sou alegre".

O que é a alegria senão uma das mais belas manifestações da felicidade?

Foi assim que aconteceu com o filho pródigo. Ao retornar para casa, foi recebido com alegria, com festa, com banquete.

Jogue as fichas no presente, que, este sim, o espera de braços abertos.

O primeiro passo de retorno ao seu paraíso é descobrir que ele existe e que está dentro de si. O filósofo grego Aristóteles (384 a.C.-322 a.C.) já dizia que a felicidade não está nos bens exteriores. O prazer e a alegria podem estar neles, por isso são caminhos mais fáceis.

3
Seu dia a dia alegre

Toda pessoa tem os próprios conceitos de vida. Cada crença tem seu modo de ver a vida e de vivê-la. Mas a verdade é uma só.

Viver a vida é alcançar a plenitude.

E a plenitude é produzida pelo estado de alegria, que, em outras palavras, é o estado de Reino dos Céus, estado de felicidade e amor.

A alegria é fonte de energia mental e física.

Além disso, a alegria é a ponte mais curta entre as pessoas. Processa a mais agradável interação entre os seres do universo.

É, enfim, a melhor forma de unificação com Deus, suprema alegria e felicidade.

Realmente, ser alegre é viver a vida.

Deus é a felicidade, e amar a Deus é amar a felicidade. Por outra, ser feliz já é amar a Deus.

Certa vez, eu vi este escrito: "A melhor oração é ser feliz. Se não és feliz, então tu precisas orar".

Não há oração mais alta do que ser feliz.

Se tivesse de criar um medidor de santidade, eu criaria um medidor de alegria.

Estou falando não só de alegrias momentâneas, mas de estado de alegria. Assim como a felicidade é estado de ser, a alegria também pode transformar-se em estado de ser. Uma coisa é estar alegre, outra coisa é ser alegre.

Pode ser que, neste momento, você esteja se contorcendo de rir e, daqui a dois minutos, mergulhar em uma tristeza de dar dó.

O estado de alegria é diferente. É o estado de ser. Não é uma situação, mas uma qualidade interior.

Nesse caso, você não está alegre. Você é alegre.

Insistindo: uma coisa é estar alegre e outra, bem diferente, é ser alegre.

Você precisa ser alegre.

O estado interior de alegria não é causado por fatores externos, mas tem sua origem dentro de si.

Se sua alegria atual é provocada por uma piada, ou por uma música, ou por um livro de anedotas, ou por um programa televisivo humorístico, nesse caso, você está alegre. E isto é benéfico, sem dúvida.

Estar alegre é um fato momentâneo.
Ser alegre é uma segunda natureza.
Estar alegre é o primeiro passo.

Tudo de que você puder se servir para criar alegria é ótimo, pois, de tanto estar alegre, acabará sendo alegre.

Posso até comparar esse estado com um carro: para acioná-lo e fazê-lo andar por si mesmo, você necessita de outra fonte inicial de energia, que é a bateria. Depois do impulso primeiro causado por ela, esta já não se faz necessária. O carro, daí para frente, anda acionado pelo próprio motor.

Busque tudo o que é possível para estar alegre. A contínua sucessão de impulsos de alegria criará condições para que ela permaneça, por si mesma, em você.

Quando uma pessoa é alegre, já não lhe fazem falta os fatores externos de alegria, como a gargalhada, o riso, a piada, a brincadeira, a bebida, o tóxico, as canções, os ambientes, os contadores de anedotas, entre outros estímulos

Estar alegre é circunstancial.
Ser alegre é qualidade.
Estar alegre é o arco-íris.
Ser alegre é o paraíso.
O arco-íris é momento.
O paraíso é modo de vida.

4

Se a vida não é alegria, faça da alegria a sua vida

À noite, quando for dormir, crie pensamentos e sentimentos de alegria. Mentalize alegria e prometa a si mesmo que vai acordar mergulhado na alegria. Desta maneira, você está determinando a seu subconsciente a que cumpra a ordem de fazê-lo acordar alegre.

Despertar alegre é o primeiro passo do dia.

Importante passo.

No momento em que acordar pela manhã, vivifique a ideia de que é alegre, feliz, saudável, bem-disposto e repleto de energia positiva.

Abra instantaneamente seu coração para receber esse novo dia com a mente bem-disposta e repleta de belas expectativas. Assim, você toma imediatamente as rédeas de sua vida, sem dar tempo para que pensamentos e sentimentos de frustração, de medo, de fracasso e de depressão entrem e tomem conta de seu dia.

Mentalize, ou ore, que este novo dia será alegre, agradável, feliz. Diga-se mentalmente:

Este é o dia mais alegre, agradável e feliz da minha vida.
Vou vivê-lo desde já plenamente, com o coração ensolarado, com a mente positiva e com o corpo resplendente de energias.
Este é um lindo dia.
Festejo agora o milagre de minha vida, que renasce mais alegre e saudável do que nunca.
O sucesso já está me esperando de braços abertos.
A Luz Infinita ilumina o meu caminho e a colheita desta jornada será grandiosa, do tamanho de meus desejos.
Alegria, alegria. A vida é uma festa.
Assim é agora e sempre.

Levante-se dando bom-dia a tudo e a todos: bom dia ao sol, à cama, às arvores, aos passarinhos, ao relógio, ao pão, ao café da manhã, à roupa que vai vestir, às flores, às paredes, à água do banho, enfim, a tudo o que enxergar. Pode parecer uma pessoa que recebeu pancadas no cérebro, mas a repetição fortalece a ideia e reforça o sentimento.

Se tiver uma criança que acorda na mesma hora que você, que tal pegá-la no colo e os dois irem dando um bom-dia a tudo o que veem? Além de criar sensações agradáveis, ela está aprendendo o nome de cada ser vivo ou objeto e, ao mesmo tempo, elaborando o hábito de amanhecer feliz e agradecida.

Agora você vai tomar banho ou se vestir?

Levante o astral cantando.

Diz o sábio ditado que quem canta seus males espanta. Então, cante. Desejo, no entanto, que espante seus possíveis males, mas não espante seus familiares.

Já sei que você está alegando não saber cantar. Quem disse que é preciso saber cantar?

Não se trata de treinar a voz e a afinação, mas sim de produzir vibrações positivas e alegres por meio de notas musicais. Por exemplo, cante "Parabéns a você" ou "Olê, olê, olá, a minha vida está botando pra quebrar", enfim, qualquer música alegre. Ou então assobie sua canção predileta. Uma marchinha de carnaval, por exemplo, sempre provoca vibrações de alegria.

Antes do desjejum, vá para diante do espelho e faça uma declaração de amor a si mesmo. Diga mentalmente o quanto gosta de si. Imagine-se bonito, elegante, bem-disposto, irradiando simpatia. Conclua esse ritual com uma série de risadas para si. Você merece.

Agora, sente à mesa para seu café, em alto-astral.

Seus familiares irão se contagiar com sua alegria. Sim, porque a alegria é contagiosa. Até mesmo aqueles familiares que costumam acordar com fisionomia de quem chupou limão azedo agradecerão intimamente sua irradiação de alegria.

Que tal você começar contando esta piada:

– Esta noite sonhei que estava acordado e, quando acordei, estava dormindo.

"Seja como as crianças", ensinava o Mestre (cf. 18,3).

Certa vez, uma viúva tomava café com um solteirão muito triste, que se queixava demais. Disse ela:

– Quer saber de uma coisa? Case.

O solteirão:

– E você quer se casar comigo?

– Não, senhor – respondeu a viúva. – Eu sou como os médicos: dou a receita, mas não tomo o remédio.

Antigamente se dizia de um jovem que ele era um "pão". Hoje se diz que é um "café". Sabe por quê? Ora, porque o pão, para ser bom, deve ser recém-saído do forno, ao passo que o café bom é forte e quente.

Se, com isso, seus familiares não se descontraírem, dê uma gostosa gargalhada da seriedade imbatível deles. Ou conte-lhes outra piada. Por sinal, essas aí não têm muita graça, mas valem a intenção.

Para aquele familiar que está deprimido, conte essa da mulher que foi ao psiquiatra:

— Doutor, às vezes tenho a impressão de que falo com uma pessoa que não sei quem é, nem como é, muito menos como se veste. Apenas lhe ouço a voz!

— E quando é que lhe acontece isso? — perguntou apreensivo o médico.

— Quando estou falando ao telefone...

Conseguiu rir?

Pode ser que algum familiar se sente à mesa e passe a reclamar do emprego.

Conte-lhe a seguinte anedota:

Certa vez, um homem queixava-se amargamente de seu emprego, dizendo que era um trabalho pesado, muito duro, cansativo, que lhe exauria todas as forças, deixando-o no bagaço, esgotadíssimo.

— Há quanto tempo você trabalha nesse emprego? — perguntou-lhe o amigo.

— Vou começar hoje — respondeu o queixoso.

5

A caminho do trabalho

Saia de casa sentindo-se maravilhosamente bem, com um imenso sorriso espraiando-se pelos lábios e por todo o rosto.

Lembre-se de acontecimentos agradáveis.

Contemple as maravilhas da criação e sinta-se caminhando por entre as alamedas de um paraíso. O céu está lindo, as flores dos jardins e das praças sorriem para você e lhe oferecem o melhor de si, que é o perfume; as árvores mostram seu vigor; os pássaros cantam as alegrias de um novo dia; as casas plenificam-se de vida; as montanhas, ao longe, apontam para o alto; enfim, o mundo enfeitou-se para festejar sua passagem.

Irradie seu bom humor cumprimentando tantas pessoas quantas puder.

Também não precisa ser tão exagerado a ponto de trombar nos postes e, distraidamente, pedir desculpas. Conheci um amigo tão exuberante que cumprimentava até as manequins das vitrines. Diante da impassividade das manequins de plástico, ele se consolava dizendo:

— Não importa, esta jovem deve estar muito aborrecida!

Desfrute a alegria, mas não seja distraído. Não faça como aquele rapaz que saiu de casa com um saco de lixo em uma mão e a pasta executiva na outra. Estava tão distraído, que jogou a pasta na lixeira e subiu no ônibus com o saco de lixo na mão.

Você é alegre, mas não é distraído.

Mantenha sua atenção no trânsito. Tenha a mente sempre alerta. E continue com o sorriso nos lábios e alegria no coração.

Se ocorrerem problemas no trânsito, não perca a calma nem o bom humor. Isso pela simples razão de que irritar-se, gritar, xingar e buzinar feito desesperado não irá modificar o congestionamento.

Em vez de permitir que a raiva e a preocupação tomem conta de você em uma situação dessas, inunde sua mente com pensamentos agradáveis; aproveite o tempo para relembrar seu discurso, sua tese, suas lições escolares; repasse mentalmente os compromissos do dia e mentalize o sucesso; enfim, ocupe a mente com pensamentos positivos, ou com música alegre, ou com programa radiofônico estimulante, ou mentalizando as belas realizações exitosas do dia.

Assim fazendo, você não perdeu tempo. Ao contrário, ganhou tempo e dinheiro, pois os resultados materiais são frutos da mente.

Utilize todo o tempo de que disporá para chegar a seu local de trabalho com mentalizações de alegria e de sucesso.

Já que sua vida e seu dia são o resultado de seus pensamentos, é certo que seu tempo está sendo preenchido da melhor forma.

É bom, de vez em quando, concentrar-se bruscamente sobre si mesmo para flagrar seu pensamento e sua tensão ou distensão física. Pode ser que, por um desvio da mente, você esteja andando com o rosto contraído, a mente preocupada e a testa franzida.

Nesse caso, não se perturbe: retome o comando da mente, construa seu mundo positivo interior e relaxe o corpo. Com o tempo, você caminhará ou viajará naturalmente satisfeito, com o corpo em plena forma e o rosto radiante.

6

Não buzine; levante mais cedo

Certa vez, uma mulher ia de automóvel para o trabalho e, ao parar diante do sinal vermelho, o carro apagou. O sinal verde acendeu e ela não conseguia fazer o carro pegar. Atrás dela, um motorista buzinava sem parar, xingando a pobre mulher, que estava atrapalhada como um cego em tiroteio. O homem buzinava descontroladamente.

De repente, a mulher acercou-se dele e disse-lhe com a maior inocência:

— Não poderia ir lá fazer meu carro pegar enquanto eu fico buzinando aqui para o senhor?

Se sair de casa com o tempo milimetricamente cronometrado, qualquer imprevisto poderá deixá-lo nervoso, preocupado, irritado e impaciente.

Creio que, para mim, para você e para muitas pessoas, vale a frase que li na traseira de um caminhão: "Não buzine; levante mais cedo".

Programe-se para sair de casa antecipadamente.

Assim, sempre chegará ao local de trabalho tranquilamente, com folga, com o rosto descontraído e em bom astral.

Você terá muita dificuldade de manter um alegre sorriso e a mente descansada se chegar ao trabalho em cima da hora, suado, despenteado, com a roupa em desalinho e a mente tumultuada pela afobação.

Prefira seguir a sabedoria daquela frase presente na traseira do caminhão.

7
Chegue com "cara de muitos amigos"

Chegando sempre antes da hora, você entrará no local de trabalho a passos tranquilos, com o rosto alegre, o sorriso solto, cumprimentando todo mundo, e ainda tendo tempo para um bom bate-papo com os colegas.

Com esse estado de ânimo, sua presença será sempre bem recebida.

Mas atenção, que este é um momento por demais perigoso para seu astral, porque há muitas pessoas que só sabem abrir a boca para se queixar da vida, da família, do governo, do emprego, do trânsito, dos colegas, de Deus e de todo mundo.

Essas pessoas se levantam com o pé esquerdo e normalmente chegam ao local do trabalho com "cara de quem comeu e não gostou".

Previna-se.

Não entre nessa canoa furada.

Só tenha conversa alegre, positiva, elogiosa. Mostre sua visão confiante e esperançosa da vida. Ponha luz em suas palavras.

Não dê ouvidos aos pessimistas. Ouça-os por respeito, mas mantenha acesa na mente a certeza de que sua vida é você quem a faz.

Um dia, alguém dividiu a humanidade em dois grandes grupos.

O primeiro grupo é dos pessimistas, que acham que o mundo vai mal, que a vida é uma idiotice fatal, que o homem é um animal irracional e frustrado. O segundo grupo é dos otimistas, que sabem olhar o lado bom de tudo.

Homens-lanterna. Já ouviu falar dos homens-lanterna? Eles existiam. Indicavam o caminho à noite. Você também possui uma lanterna que lhe aponta o caminho. Está acesa na entrada de seu coração. Não apague sua lanterna. Lanterna apagada, tropeços na escuridão. Ela assinala quando você pode seguir, quando há obstáculos, quando surge algum perigo, quando o caminho está aberto. É a lanterna mágica da Sabedoria. Quanto mais perto estiver sua mente da lanterna, mais luz receberá, mais fácil será sua jornada.

Infelizmente, você encontrará negativos por toda parte, até mesmo em seu ambiente de trabalho. Não entre em sintonia com a escuridão dessas pessoas. Procure jogar sua luz e, mesmo que nada lhe digam, elas se sentirão melhores ao final do expediente.

Sabe qual é a definição de pessimista?

Pessimista é aquele que sempre se sente mal e se sentirá pior se se sentir melhor.

Que todos saibam que você é um incorrigível otimista. Toda pessoa alegre é otimista e confiante.

Quem tem fé é sempre alegre, porque sabe que tudo dá certo.

Você tem fé!

8
A alegria do trabalho

Longe de você a ideia de que seu trabalho é uma desgraça necessária ou o pior momento do seu dia.

Trabalho é atividade física, mental ou espiritual. Por exemplo, jogar é trabalho, rir é trabalho, cantar é trabalho, construir uma casa é trabalho, orar é trabalho, contar piada é trabalho, nadar na piscina é trabalho, dirigir automóvel é trabalho, assistir a um concerto é trabalho.

Trabalho significa todo movimento. Qualquer ação, seja física, seja mental, seja espiritual é trabalho. Portanto, o fato de dizer que trabalho é sacrifício, um peso, fonte de estresse, indignidade, exploração, opressão é mentira. Algum tipo de atividade pode ser um fardo para alguém. Mas trabalho é contribuição para a construção de um mundo melhor. Mesmo que seu trabalho seja apenas para o autossustento ou para o enriquecimento, em última análise, ele acrescenta algo de bom ao mundo.

Todo trabalho benfazejo é digno e elevado. Varrer a rua, carregar resíduos, pintar paredes, inventar o elixir da longa vida, construir uma catedral, montar uma rede de esgoto, fabricar papel-

-higiênico, editar livros e revistas, construir prédios, plantar, tudo isso e muito mais é trabalho dignificante e honroso.

É tão dignificante o trabalho do operário que está limpando os vasos sanitários da estação rodoviária quanto o do farmacêutico que está fabricando o remédio contra o câncer, porque ambos estão melhorando o mundo.

Compreendida essa verdade, resta apenas concluir que seu trabalho, independentemente da natureza, é sua grandiosa participação na construção de um mundo melhor e de uma humanidade mais bem servida.

Agora fica fácil você se alegrar com o que está fazendo.

Alegre-se com seu trabalho. Faça de seu compromisso sua fonte de prazer e de realização na vida.

Goste do que faz.

Lembre-se de que não há trabalho desagradável, mas mente desagradável.

Não há desgraça no trabalho; o que há são pessoas desgraçadas que trabalham.

Seu trabalho é da forma como você o considera.

Observe esta história:

Três operários construíam a canalização de um esgoto urbano.

Perguntados sobre o que faziam, o primeiro respondeu que estava lutando pelo salário; o segundo disse que trabalhava no esgoto; o terceiro explicou que estava melhorando as condições de vida da humanidade.

Seu trabalho é da forma como você o considera.

Defina para si mesmo a grandeza e a dignidade do seu trabalho.

E alegre-se profundamente com o que está fazendo. Faça o que gosta e goste do que faz.

Outro exemplo, este mais conhecido: três operários trabalhavam em uma construção. Indagados sobre o que faziam, o primeiro disse que montava tijolos; o segundo, que estava cumprindo ordens; o terceiro explicou alegremente que estava construindo uma catedral.

Encontre motivação para o seu trabalho. A motivação é estímulo número um para a alegria no emprego.

O famoso filósofo chinês Confúcio (551 a.C.-479 a.C.) dizia: "Escolha o trabalho que ama e não terá que trabalhar um único dia na sua vida".

Lembro aqui uma frase de Walt Disney (1901-1966), o genial produtor cinematográfico norte-americano que, entre outros empreendimentos, criou a The Walt Disney Company. Disse ele: "Primeiramente encontre algo que você goste tanto de fazer que não se importaria de fazê-lo sem receber nada por isso; aprenda então a fazê-lo tão bem que as pessoas se sintam felizes em lhe pagar para que o faça".

Aí está o segredo: a melhor coisa que você pode fazer para sentir motivação é realizar o que gosta. Fazer o que é estimulante e prazeroso traz muita alegria e é caminho de sucesso. A empresa considerará sua colaboração importante e você progredirá sempre mais.

Se, porventura, seu emprego não lhe traz satisfação, procure outro enquanto continua a dar o melhor de si onde está. Afinal, estão lhe pagando por seu trabalho e você tem obrigação de corresponder. E faça com alegria. É assim que estará abrindo caminho para o sucesso existencial.

Uma pesquisa realizada em 2003 mostra que apenas vinte e nove por cento dos jovens trabalham para se realizar. A pesquisa "Perfil da Juventude Brasileira"[1], iniciativa do Projeto Juventude/Instituto Cidadania, com a parceria do Instituto de Hospitalidade e do Sebrae, aponta que a maioria dos jovens brasileiros, de 15 a 24 anos, associa trabalho à necessidade. As respostas foram múltiplas e estimuladas. De acordo com a escolaridade e com a renda familiar dos entrevistados, há mudanças nos conceitos associados a trabalho.

A seguir, estão alguns tópicos:

> Trabalham por **necessidade**.........64%
> Por **independência**....................55%
> Por **crescimento**........................47%
> Por **autorrealização**...................29%
> Por **exploração**............................4%

Coloquei essa pesquisa para que você perceba que há muitas pessoas que não se sentem executando determinada atividade. Isso não é nada bom, porque tolhe a alegria e gera estresse. Quem não sabe que o estresse é caminho curto para a enfermidade?

Trabalham para a autorrealização apenas 29 por cento dos entrevistados. Isso significa que 71 por cento não têm alegria no trabalho. Que coisa!

Leia com muita atenção este texto, porque a vida não espera ninguém. A alegria é fundamental.

Na verdade, a diferença entre trabalho e lazer está apenas na mente.

Seu trabalho é seu lazer.
E seu lazer é seu prazer.

---

1. http://novo.fpabramo.org.br/uploads/perfil_juventude_brasileira.pdf

9

Todo trabalho é prazer

Vou insistir no assunto do trabalho, porque as pessoas passam pelo menos um terço de sua vida no ambiente profissional. É imprescindível que todo esse espaço existencial seja bem aproveitado e traga satisfação, independentemente dos ganhos salariais.

Todo prazer é trabalho, porque exige ação mental ou física.

Mas é preciso reconhecer também esta outra verdade: todo trabalho é prazer. Já foi dito, mas vale repetir.

James Michener (1907-1997) foi um escritor, professor, e acadêmico norte-americano. Anote o que ele escreveu:

> O mestre na arte de viver não estabelece distinção entre seu trabalho e seu tempo de lazer, seu tempo de labor e de recreação, sua mente e seu corpo, sua educação e sua recreação, seu amor e sua religião. Ele mal sabe quem é quem. Ele simplesmente persegue sua visão da excelência em tudo aquilo que faz, e deixa que os outros decidam se ele está trabalhando ou brincando. No que diz respeito a si próprio, ele sempre está praticando ambos[2].

2 www.escolapsicologia.com/simplifique-a-sua-vida-melhore-o-seu-bem-estar-com-pensamentos-praticos/

Que maravilha! Se você chegar a esse ponto, considere-se um privilegiado.

Seja mestre na arte de viver: proclame que tudo o que faz lhe proporciona imensa alegria.

Assim é e assim será.

10

Acrescente entusiasmo ao que faz

O entusiasmo é a força da alma; é a energia da ação; é o combustível do motor; é a certeza do sucesso; é o prazer gerado pela fusão do desejo, da ação e da certeza da realização.

Com isso, é evidente que todo trabalho desempenhado com entusiasmo sempre dará bons resultados.

Nada resiste ao ímpeto avassalador do entusiasmo.

Alegria e entusiasmo são as duas alavancas do sucesso de qualquer atividade.

Vale a pena dedicar o melhor de si para que o trabalho esteja impregnado de alegria e de entusiasmo.

Seria demasiada frustração perder um terço de vida em queixumes, estresses e sentimentos amargos.

Ponha alegria e entusiasmo no que faz.

Assim agindo, o faturamento será fantástico.

Há um provérbio oriental que diz: "Quem não trouxer um sorriso nos lábios não abra um estabelecimento".

Você pode abrir um estabelecimento, ou o que quiser, sempre que estiver impulsionado pelas duas poderosas alavancas da alegria e do entusiasmo.

Anote mais esse maravilhoso ditado da sabedoria oriental: "A fortuna bate sempre à porta de quem sorri".

Na verdade, para uma pessoa positiva, todos os acontecimentos são positivos e motivos de sorriso, pois quem é positivo tem o dom de extrair apenas o mel de cada oportunidade e de cada acontecimento. Sorrir é questão de hábito, o hábito de ver o lado bom de tudo.

Seja sábio: recolha as lições benéficas de cada acontecimento. E encontrará sempre motivo para sorrir.

Ao longo do dia, mantenha nas mãos as rédeas de seus pensamentos e sentimentos e puxe-os decididamente para o lado positivo e alegre.

A depressão acontece, entre outros motivos, com pessoas que não conseguem ficar somente com o lado benéfico das situações.

É preciso buscar sabedoria e bom senso.

Na pior das hipóteses, pense assim: "As coisas ruins eu mandarei embora por minha própria força interior; as coisas péssimas irão embora por si mesmas. Ademais, eu sou o mágico que transforma tudo em poção de efeitos alegres e positivos".

Se assim você pensa, assim é.

11
Crie as alegrias deste dia

Na jornada dessa leitura, lembre-se de que você acordou alegre e positivo, tomou um café bem-humorado, saiu para o trabalho com bom astral, cumprimentou alegre os colegas, trabalhou com alegria e entusiasmo. E agora está encerrando sua atividade.

Ao sair para a rua, depois do trabalho, tenha um belo sorriso nos lábios. Não custa nada e é poderoso energético, restaurador do desgaste físico e mental.

Seu aspecto agora é agradável e seu rosto espelha simpatia.

Suas conversas na parada do ônibus, no metrô, na praia, no supermercado, no bar, na lanchonete, serão irradiação de alegria e de bom humor.

Recuse-se terminantemente a entrar em qualquer onda negativa.

Conscientize-se de que é muito mais fácil falar de assuntos bons do que de acontecimentos ruins. Tudo é questão de hábito.

À medida que as horas vão transcorrendo, crie outras alegrias e estenda-as para as pessoas que entram em contato com você.

Todos apreciam pessoas alegres, joviais, positivas, bem-humoradas, como você.

Por favor, não seja "maria-chorona". Ao contrário, passe o dia com um sorriso nos lábios e alegria no coração.

Se, porventura, acontecer-lhe algo desagradável no decorrer do dia, por exemplo, uma reprimenda do chefe, uma injustiça, uma ofensa, uma incompreensão de alguém, uma queda, um furto, um prejuízo, enfim, qualquer coisa que o envergonhe, recomponha-se logo e chegue em casa com bom astral.

Longe de você ser aquele tipo terrível de pessoa que descarrega todas as atribulações do dia sobre os familiares. Não, você é uma pessoa maravilhosa e vai deixar na rua qualquer sentimento de raiva, de desgosto ou de frustração.

Abra a porta de sua casa como quem vai entrar em uma festa ou em um baile. Sua família merece a melhor consideração.

Agradeça intimamente o jantar como uma bênção de Deus e uma gentileza de seu par ou da empregada; mantenha o otimismo nas horas que passará com os seus, na sala de estar, e, por fim, ao deitar-se, seja a pessoa mais feliz do mundo.

Antes de adormecer, repasse rapidamente seu dia: agradeça os bons acontecimentos, perdoe tudo o que for desagradável, mentalize que vai ter uma noite bem-dormida e que acordará bem--disposto, saudável, revigorado e devidamente abençoado.

Assim é e assim será!

12

Construa uma fábrica de alegria

Se você construir sua própria fábrica de alegria, terá garantido o abastecimento abundante e permanente para si: a matéria-prima.

Antes de tudo, você precisa adquirir ou produzir a matéria-prima da alegria.

Acha possível fabricar goiabada sem ter a goiaba *in natura*, em essência, ou em suco?

Para vender alegria, terá de produzir e armazenar a matéria-prima.

A matéria-prima, é bom lembrar, não é a alegria em si, mas a substância da qual esta é fabricada. Portanto, é tudo aquilo do qual você pode extrair grandes ou pequenas quantidades de essências *alegritivas*. É um neologismo, mas não importa.

Há dois tipos de matérias-primas: a exterior e a interior.

As palavras alegre, bem-humorada, esfuziante, divertida, engraçada, otimista e positiva são a matérias-primas da alegria.

Imagine que está triste e recebe a visita de uma pessoa amiga muito feliz e bem-humorada. Ela conversa animadamente com você; irradia vibrações alegres; ensina que o passado já foi e a vida é aqui e agora; que tudo tem solução; que, depois da tempestade, sempre vem o mais lindo dia de sol. Ao receber essas doses vigorosas de alegria, por certo seu humor melhorará e você se sentirá bem mais animado.

A palavra é matéria-prima da melhor qualidade.

Tenho visto pessoas mergulhadas na mais profunda depressão, que, ao participarem das minhas Jornadas sobre o Poder da Mente, ao final de 12 horas de palavras positivas e animadoras, saem de lá transformadas.

A palavra, na verdade, contém a energia do próprio conteúdo. Isso quer dizer que palavras de alegria contêm doses maciças de alegria.

Sim, a palavra é a grande força criadora.

Palavras de alegria são energia de alegria.

Nem é preciso comprovar-lhe a veracidade dessa afirmação.

Perceba qual é sua reação ao ler as seguintes palavras: tristeza, depressão, morte, cadáver, desgraça, sofrimento, desespero, inutilidade, abandono, solidão, miséria, câncer, infelicidade.

Agora, concentre-se nas vibrações destas outras palavras: alegria, felicidade, sucesso, bem-estar, amor, ternura, positivo, fé, ânimo, coragem, abundância, bom humor, amizade, bondade, riqueza, bem-querer.

O primeiro grupo de palavras deprime, abate e exaure energias.

Já o segundo grupo possui uma alta vibração, injeta energia, levanta o espírito e fortalece a saúde física e mental.

Aí está o poder da palavra.

Leia esta frase: "O ser humano é verme abjeto e inútil, fadado a nascer, viver e morrer em meio a frustrações e sofrimentos".

Agora leia esta outra: "O ser humano é filho de Deus perfeito, dotado de dimensão infinita, destinado a viver em um mundo de amor e felicidade".

Que diferença de vibrações!

Você pode encontrar essa matéria-prima também em um livro. Eu mesmo já publiquei, até agora, aproximadamente oitenta e cinco livros e livretos, todos eles eivados de palavras e frases altamente energéticas. Outros autores também fizeram o mesmo.

Recorde aquele ditado que diz assim: "Quem com farelo se mistura porcos o comem".

No entanto, quem com alegria se mistura a felicidade o domina.

A escolha é sua.

A palavra pode ser expressa em forma de poesia. Há poesias negativas, repletas de dor de cotovelo, ou que fazem a apologia do sofrimento e do desamor; estas são como bisturis, que sangram você cada vez mais. Mas há poesias que contêm imensas forças mentais positivas. Só para citar algumas das minhas poesias: "Alegria, alegria"; "Estou no Reino dos Céus"; "Hoje sou outra pessoa"; "Pensar é ser".

Crônicas, notícias, artigos, frases, contos, romances, novelas também são veículos fortes de palavras que elevam ou que afundam a pessoa.

Se está procurando a matéria-prima da alegria, é óbvio que você só lerá crônicas, notícias, artigos, frases, pensamentos, romances e novelas que contenham doses de alegria. Faça uma rigorosa triagem do material que lê a cada dia.

Busque somente o trigo. Depois, se houver alguma mistura, separe o joio do trigo. Este vai para o seu celeiro alegre; aquele vai para o fogo.

Diz a Bíblia: "Escolha a quem hoje você vai servir" (cf. 1Rs 18,21).

Como você quer ser alegre se, ao fim do dia, está carregando um caminhão de negativismo e apenas uma sacola de alegria?

Selecione, tanto quanto possível, apenas palavras e mensagens que contenham a energia da alegria. Afinal, essa é a matéria-prima que você está procurando.

Imagine-se assistindo a uma telenovela.

A cena mostra um homem morrendo, o rosto crispado, os olhos faiscantes, o corpo enrijecido pelo desespero. Em um gesto quase imperceptível, ele pede que a esposa se aproxime. A mulher encosta a orelha perto da boca do moribundo, que reúne todas as forças para explodir cavernosamente:

– Eu te odeio, megera malfadada!

A mulher balança impetuosamente a cabeça e exclama:

– Vai pro inferno, infeliz!

Agora vamos a outra novela.

O marido está moribundo, em um leito com belos lençóis brancos. Seu rosto expressa ternura e amor. Seus lábios se entreabrem suavemente, querendo dizer algo. A esposa inclina-se até o rosto do marido, que balbucia carinhosamente:

– Eu te amo, querida. Guardarei sempre com carinho a lembrança linda do que foi para mim.

A esposa aproxima os lábios da orelha dele e responde-lhe, com profundo afeto:

– Eu também te amo. Você fez da minha vida uma festa inesquecível.

Que sentimentos cada uma dessas cenas produziram em você?

Que lembranças você guardará das duas cenas?

Que imagens ficarão gravadas em seu subconsciente?

Sei que todos dirão que novela é novela, e isso não tem nada a ver com a realidade.

Em primeiro lugar, a novela é a projeção da realidade segundo a criatividade do escritor; em segundo lugar, mesmo você sabendo que se trata de uma história inventada por alguém, as palavras baterão com força em sua mente, provocando sentimentos positivos ou negativos, de acordo com a mensagem.

Na melhor das hipóteses, diante da primeira cena, você só encontra matéria-prima deprimente, ao passo que, diante da segunda cena, você armazena matéria-prima de amor, ternura, alegria e carinho.

A cada dia, escolha a matéria-prima da alegria, pois somente ela será fonte energética positiva.

Por falar em novela, os meios de comunicação representam imensa fonte de matéria-prima alegre ou depressiva.

A televisão transmite o que quer, mas você pode e deve ligar só naquilo que lhe faz bem, que é positivo, que gera alegria, que produz a matéria-prima para sua nova fábrica de alegria.

Que o rádio também lhe seja, pela seleção dos programas e das músicas, outra fonte produtora de matéria-prima positiva.

Assim, há de ser com o filme veiculado pela TV, o cinema, o jornal, a revista ou qualquer outra fonte criadora de palavras ou mensagens.

A piada, a comédia, os programas de humor são fatores externos imediatos de alegria. Formam um respeitável estoque da matéria-prima que você está buscando.

Ouça piadas, leia piadas, conte piadas. Sim, mas é preciso dizer que há piadas e piadas. Não falo aqui de humor depreciativo, de piadas ofensivas, revoltantes, inoportunas. Refiro-me a piadas deliciosas, que provocam em você uma risada espontânea ou uma gargalhada irreverente.

Você conhece aquela piada do Zé da Mata? Pois o homem deu duro na roça, foi ajudado pela sorte e ficou tão rico que comprou até um avião. Certa vez, pilotava seu avião sobre o Nordeste quando começou uma tempestade. Sentindo-se perdido, ele pediu socorro para a torre de controle.

Esta solicitou de imediato:

– Diga sua altura e posição.

E o Zé da Mata:

– Um metro e sessenta e oito de altura e estou sentadinho, de pernas cruzadas.

E aquela do vigário que explicava pacientemente para a velhinha:

– Não, minha senhora, credoincruz não é nenhum sistema de crediário.

A empregada chamou a patroa e falou:

– Dona Carlinda, a senhora se lembra daquela linda jarra de cristal usada nas refeições?

– Lembro.

– Então, esqueça-a.

– Mais uma jarra?

– Não, menos uma.

Aí o louco atendeu o telefone e ouviu do outro lado:

– Alô, é do hospício?

– Não, senhor, aqui não tem telefone.

Por falar em louco, o sujeito foi visitar um amigo, que também andava meio "frouxo da cachola".

Bateu à porta e foi atendido pelo próprio:

– Ah, é você?! Infelizmente eu não estou em casa.

Ao que o cacholinha-frouxa retrucou:

– Ainda bem que eu não vim.

13

Sobre cores, pinturas e imagens

Não se esqueça de que também as cores e a pintura imprimem em sua retina energias boas ou ruins, benéficas ou prejudiciais.

Uma pintura, ou um pôster, pode ser altamente artístico, mas provocar um desastre em seus sentimentos. Será, então, uma bela obra de arte, mas também horrorosa matéria-prima mental. Um quadro deprimente e miserável abate a energia do timo.

Escolha, para sua casa, para seu escritório, para sua sala, para seu quarto, pinturas, imagens, fotos, pôsteres que inspirem vibrações de alegria.

Há certos quadros que inspiram sua compaixão, instigam a bondade de seu coração, mas há pinturas que obscurecem seu astral.

Adquira apenas pinturas, quadros e pôsteres que contenham matéria-prima de alegria ou de sentimentos positivos.

Você sabia que as cores podem ser matéria-prima de alegria? Claro, vale lembrar que há tons alegres e pesados, frios, sufocantes.

A cor branca é uma cor alegre.

As cores quentes produzem vibração de alegria e bem-estar.

Se os ambientes nos quais mais se faz presente estão coloridos com tons alegres, você está permanentemente aumentando o estoque da matéria-prima de sua fábrica.

Há conjuntos de cores, como o arco-íris, que exaltam as vibrações da energia alegre. Assim ocorre com o colorido das borboletas, dos pássaros, dos animais, das flores.

Entretanto, há situações em que uma cor é opressiva e, em outros momentos, a mesma cor pode ser símbolo e imagem de requinte e elevação. O preto do luto é depressivo, ao passo que uma roupa preta, usada em noite de gala, pode ser expressão de requinte, de sofisticação, criando, dessa forma, uma autoimagem positiva.

E que dizer da música?

A música é a linguagem universal do sentimento, porque se manifesta por meio de vibrações.

Todos sabem que a música é som, e som é vibração. A vibração musical varia de acordo com a melodia, a tonalidade, a velocidade e o ritmo.

Não se ouve o som apenas por intermédio do ouvido. Ouve-se também pelos poros do corpo. Aliás, o corpo humano é energia, assim como o som é vibração energética.

A música, portanto, pode se sintonizar com o corpo e aumentar sua vibração negativa ou positiva. Pode desarmonizar o corpo, ou reforçar a desarmonia já existente, como pode criar ou fortalecer a harmonia orgânica.

Imagine, por exemplo, uma pessoa que está abatida porque terminou um namoro. A mente e o corpo estão pedindo urgentemente a energia da alegria. No entanto, ela pode tender a ouvir músicas que sintonizem com a depressão mental e orgânica, essas do tipo dor de cotovelo. Isso não faz bem. É o mesmo que dar mais água para o afogado.

O que ela está necessitando é de música alegre. Essa vibração atinge a mente e permeia todo o corpo, ativando a circulação sanguínea e descongestionando os órgãos, ao mesmo tempo que fortalece os tecidos e revigora o sistema imunológico.

A música alegre anima a pessoa. A música vibrante contagia positivamente a pessoa. A música calma apazigua o espírito; a música triste entristece a mente e o organismo.

Você, porém, agora procura a matéria-prima da alegria.

A sintonia com a energia da natureza e do universo também é fonte de matéria-prima para sua indústria da alegria. Respire o ar puro da natureza, aspire a energia do céu azul, caminhe por entre as árvores de uma floresta ou de um bosque, passeie por um rio, por cascatas, por lagos, e sentirá o benéfico fluxo de energia.

O sol é energia. Caminhe sob o sol. Ele transforma a vitamina D em serotonina.

A ginástica, o caminhar, a natação também produzem a matéria-prima que você pretende estocar.

Outra fonte de alegria é a prática do esporte. Jogar futebol, tênis, vôlei, basquete ou qualquer esporte de sua predileção descontrai a mente, alegra o espírito e fortalece o corpo.

Tudo o que lhe proporciona prazer positivo e saudável é fonte de energia da alegria, como o beijo, o abraço, a relação sexual feita com amor, caminhar de mãos dadas com a pessoa querida, a dança, o balé, a marcha.

Se encontrar mais outra fonte legítima de matéria-prima da alegria, acrescente-a essa lista.

Para muitas pessoas, por exemplo, a oração produz conforto, euforia, êxtase. Essas vibrações contêm, em maior ou menor quantidade, a matéria que procuramos.

Já a mentalização cujo foco são mensagens positivas e de alegria é poderosa fonte desta cobiçada energia.

Quando vai comprar os móveis de sua casa, mandar fazer as cortinas, adquirir colchas, toalhas de mesa, de banho ou de rosto, enfim, quando vai decorar sua casa, atente para que tudo seja fonte emissora de boas vibrações.

E as pessoas, principalmente as pessoas, podem ser fonte exterior de alegria ou de vibrações negativas. Conviva com gente de bom astral e procure irradiar alegria para os membros da família que não estejam em bom momento. Quando todos se harmonizarem positivamente, o ambiente estará impregnado de energia boa.

Frequente a igreja que levante seu espírito, que restabelece suas forças espirituais, que alegre seu viver, que o aproxima de Deus, já que Ele é a Essência Eterna da Alegria.

Pronto, com toda essa matéria-prima, sua fábrica jamais irá à falência. Ao contrário, você terá alegria abundante em qualquer momento da vida.

14
Produção de energia interna

Você já viu algo sobre as fontes exteriores de matéria-prima para sua indústria de alegria.

Agora vamos descobrir a mina existente em seu interior, da qual poderá extrair inesgotáveis quantidades de matéria-prima.

Reconhecendo que a palavra contém a energia do próprio significado, e reconhecendo que você possui o poder criador da palavra, resulta daí que você guarda em si mesmo a fonte perene da matéria-prima da alegria.

Pensar é dom imanente. Também imaginar, orar, contemplar e mentalizar são dons interiores. Todos são processos internos. Você pode usar e abusar deles para extrair alegria e mais alegria.

Só fale de assuntos alegres; só pense em fatos alegres; só imagine cenas alegres; só ore e mentalize temas com conteúdos alegres.

Você não pode obrigar os outros a pensarem e falarem de alegria, mas pode exigir de si mesmo essa determinação, já que você é a única pessoa que tem acesso sobre sua mina interior.

Em vez de dizer para seu amigo que vai mal, que a vida está cada vez pior, que você é um infeliz, pode substituir tais afirmações pelas seguintes: "Eu vou cada vez melhor. De fato, a vida é um lindo dom de Deus. Sim, eu me sinto maravilhosamente bem neste mundo abençoado".

É você quem faz a escolha dos pensamentos e das palavras. Portanto, deve retirar da mina mental toda essa reserva fantástica de matéria-prima alegre.

O que está pensando neste momento?

Seja o que for, você pode assumir o controle de sua mente e projetar pensamentos positivos e alegres. Pode, por exemplo, imaginar uma cena humorística; pode lembrar uma piada ou uma situação divertida; pode rever mentalmente uma crônica primorosa. O que eu quero dizer é que há em seu interior uma fonte insuspeitada de matéria-prima agradável e risível.

Cantar é um ato exclusivamente de sua determinação interior. Cada vez que canta ou cantarola uma canção alegre, você produz energia benéfica.

Eu já me reportei à frase que diz "Quem canta seus males espanta". Seu canto não só espantará seus males, como também criará energia positiva.

Os galhofeiros colocam o axioma anterior desta maneira: "Quem canta seus males espanta, mas conforme o repertório espantará o auditório".

Digo-lhe, porém, que você não precisa saber cantar. Precisa cantar. Cantar bem ou mal, afinado ou desafinado, é questão secundária.

Refiro-me apenas ao efeito de seu cantar sobre você mesmo, e este independe de saber ou não a melodia e a letra correta. O que interessa é que isso produza em sua personalidade a matéria-prima da alegria.

Também não há apenas a maneira de cantar soltando a voz e

abrindo o peito de par em par. Você pode cantar apenas mentalmente e sua música produzirá o mesmo efeito sobre seu subconsciente.

A meditação pode se constituir na maior produtora interna do insumo da alegria.

Pela meditação, você pode impregnar-se de alegria interior. Ela atua poderosamente sobre o subconsciente.

No mesmo esquema está a mentalização em nível alfa. Você alcança o nível alfa por meio do relaxamento, da oração, da meditação, da concentração, da contemplação ou da paz de espírito. Chegando a esse estado mental, seu pensamento conterá energia inimaginável.

Toda pessoa que mentaliza mensagens de alegria diariamente em nível alfa torna-se alegre.

A produção de energia interna pode ser ajudada e facilitada por fatores externos, mas não depende diretamente deles.

Você pode até mesmo transformar uma ofensa em humor e piada. Isso internamente. Não manifeste essa ideia ao ofensor, porque aí o caldo pode entornar.

Retirar o estopim de uma ofensa é sabedoria.

Sem dúvida, seu mundo nasce do seu interior.

Certa vez, o apóstolo Paulo escreveu a Timóteo: "Aprendi a viver contente em toda e qualquer ocasião" (cf. 1 Tm 6,8).

"Em toda e qualquer ocasião", afirmou ele com razão.

Medite essa verdade e pare de se queixar dos outros e da vida.

15

Faça o treinamento da alegria

Perceba quanto tempo você gastou para aprender a ler, a escrever, a tocar violino, a usar o computador, a falar outro idioma, entre outros exemplos.

Saiba que você também aprende a ser alegre e se torna alegre pelo treinamento persistente.

Depois que você aprendeu a falar outro idioma, ele se torna uma realidade constante em sua mente; assim, após aprender a ser alegre pelo treinamento continuado, a alegria será sua companheira permanente.

Tinha razão o Marquês de Maricá (1773-1848)[3] quando escreveu que "Cultivar a alegria custa menos que a tristeza e traz melhores resultados".

Quero agora lembrar uma verdade: não basta pensar em alegria nesse momento apenas e, assim, entender que esse sentimento é sua realidade perene. Não é dessa maneira que funciona. Daqui a meia hora, sua mentalização já é passado.

Seu momento exato de produção de alegria é no instante em

---

3 Mariano José Pereira da Fonseca, nascido no Rio de Janeiro, foi Ministro da Fazenda de Dom Pedro I (1798-1834). Ficou conhecido por suas máximas, que retratavam a mentalidade brasileira no período entre a Independência e o início do Segundo Reinado.

que sua mente cria alegria. O restante é passado. No entanto, não resta dúvida de que a repetição gera hábito, e este se torna qualidade. O hábito cria, por assim dizer, uma segunda natureza. Chegar ao hábito da alegria é o melhor que pode acontecer. Como escrevi anteriormente, você se torna alegria.

Conheci pessoas que se queixavam, exclamando:

– Não sei o que aconteceu comigo. Eu sempre fui alegre e descontraído, mas agora estou em uma forte depressão!

A explicação é simples: sempre foi pessoa descontraída e alegre, mas não é mais. Tudo o que não é colocado em funcionamento atrofia, diz a lei.

No momento em que substituir os pensamentos de alegria e descontração por pensamentos e sentimentos de tristeza e frustração, você já não será alegre, e sim triste e frustrado.

É, pois, tão simples ser alegre e feliz quanto ser triste e infeliz. Com isso, digo-lhe que é muito fácil sair da depressão e da amargura e alcançar o estado mental de alegria e felicidade.

A fonte, volto a insistir, está em seu interior.

Não leve em conta seus dez anos de depressão nem seu longo tratamento contra a melancolia. Ao decidir-se agora mesmo a ser alegre e mentalizar pensamentos de alegria, de amor e de felicidade, torna-se alegre, repleto de amor e feliz. O restante é passado que se perdeu na poeira do tempo.

Não adie sua felicidade. Se perdeu milhares de minutos vivendo nas trevas, agradeça a lição, esqueça-se do passado e comece a viver o dia de hoje, porque é o único que existe.

A matéria-prima da alegria está sedimentada em seu interior.

Não precisa buscá-la fora.
Esse é o segredo dos segredos.

16
Agora ponha a indústria para funcionar em tempo integral

Você tem em seu poder as duas grandes minas de alegria: a exterior e a interior. Ambas lhe proporcionam imenso estoque de matéria-prima. Na verdade, estoque inesgotável.

Mas lembre-se de que não adianta nada estocar matéria-prima e não a utilizar para a fabricação do produto.

Ponha sua indústria para funcionar a todo vapor.

Não importa se até aqui você fabricava pouca alegria, que nem sequer servia para o consumo próprio. O que interessa é que agora sua fábrica produzirá alegria vinte e quatro horas por dia.

Se não sabe do que estou falando, releia os dois capítulos anteriores. Agora, é necessário transformar essa matéria-prima em produto acabado.

Jogue dentro dessa maquinaria mental toda a matéria-prima reunida no mundo exterior e interior, e já estará colhendo alegria e mais alegria. Será uma produção permanente. Isso o colocará no mundo de seus sonhos dourados.

Estado de alegria não é situação esporádica, mas realidade efetiva.

Agora sua vida é alegria. Permanente e sem-fim. Infinita porque você está sempre gerando matéria-prima e porque sua máquina mental a está produzindo dia e noite.

Você não apenas está alegre, mas é alegre. Perceba que já falei sobre isso.

Agora sua indústria produz alegria não só para si mesmo, mas para dar e vender. Nesse estágio, você compreende que não precisa mais funcionar sob estímulos externos, porque há um fluxo definitivo em seu interior.

Você não carece de jatos d'água, porque você é a fonte.

Não há mais exigências de explosões de alegria, de risos, de gargalhadas para acionar sua máquina mental. Ela é impulsionada pela própria energia interior. Por isso, sua alegria é perfeita, completa, absoluta em si mesma, sem necessitar de estímulos e de fatores aleatórios.

Talvez você não esteja constantemente estourando em gargalhadas, mas seu mundo interior é todo alegria e sorrisos. Você é sua alegria, e sua alegria é você. Uma simbiose total. A plenitude.

Sua alegria é como o ar que você respira.
Sim, a alegria é o ar de sua vida.

17

A Lei de Causa e Efeito

Quero desfazer um possível equívoco.

A alegria não ocorre como efeito das boas ações praticadas. Não é necessariamente desse modo, porque você pode praticar boas ações por obrigação, com má vontade, até mesmo irritado. Da mesma forma, a alegria não lhe vem especificamente como resultado do bom comportamento, nem como fruto de longas horas de oração ou por se dedicar à caridade, pois sua mente pode alimentar sentimentos negativos ao praticar esses atos benéficos.

Também não se trata de ter paciência e esperar sua vez de receber a alegria como dádiva divina. Assim pensando, você estaria desfazendo a Lei de Causa e Efeito. Seria o mesmo que supor que uma causa possa gerar outro efeito. Em outras palavras, entender que rezar a ladainha de todos os santos, por exemplo, é fator de alegria seria o mesmo que afirmar que todos os que rezam a ladainha são alegres. Isso pode gerar alegria se se pensar alegria.

Você mesmo conhece boas pessoas, caridosas, que rezam a ladainha, oram longas horas, praticam a religião e, no entanto, estão submersas em profunda depressão.

Não é a realização de atos meritórios que lhe produzirá obrigatoriamente alegria. Uma pessoa pode realizar atos meritórios apenas por medo dos castigos divinos.

O ato de dar esmola pode tanto produzir a alegria da generosidade como a tristeza pela perda do bem doado.

Não é a ação, em si mesma, que gera alegria, mas é o sentimento de alegria pela ação praticada que produz essa energia positiva.

A alegria é gerada por pensamentos de alegria, sentimentos de alegria, orações de alegria, mentalizações de alegria, imaginações de alegria, desejos de alegria, palavras de alegria.

Pela Lei de Causa e Efeito, pensamentos de alegria produzirão o efeito da alegria.

Tudo no universo se rege por leis.

Todo efeito possui sua causa correspondente e toda causa produz o efeito da própria natureza.

Se está triste ou deprimido, é porque você gerou em seu interior as causas da tristeza e da depressão. Essas são sempre causas mentais.

Inúmeras vezes lhe ensinaram que você é o que pensa. Isso é verdade, porque o pensamento é realidade mental, que produz o efeito do seu conteúdo.

Toda pessoa triste, angustiada, perturbada, está absorvida por pensamentos e por sentimentos dessa natureza. Mudando os padrões de pensamentos, muda-se a realidade.

Veja como é simples a Lei da Alegria:
mente alegre, pessoa alegre.

18

Sorria, sorria, sorria...

O sorriso é como uma flor: embeleza e perfuma a vida e o ambiente.

O sorriso é como um rio: corre sempre em direção ao mar da felicidade.

O sorriso é a ponte mais curta entre duas pessoas.

O sorriso é a mais salutar massagem de beleza no rosto.

O sorriso vale um tesouro e não custa nada.

O sorriso continua sendo o melhor remédio.

O sorriso é o eco da alegria.

O sorriso é o elixir da longa vida.

O sorriso é a mais perfeita realização do dom das línguas; todos entendem que significa "Eu gosto de você".

O sorriso é o arco-íris da vida.

O sorriso é a linguagem divina entre os homens.

O sorriso é o passaporte para o Reino dos Céus.

O sorriso é a canção dos anjos.

O sorriso é a borracha que apaga as tristezas.

O sorriso é a fonte de energia vital.

O sorriso é como o Sol, que ilumina, aquece e se irradia.
O sorriso é a onda celestial que flui e reflui nas praias dos lábios.
O sorriso é o cartão-postal da alegria.
O sorriso é o cantar da sereia no oceano do coração.
O sorriso é o melhor vinho no banquete da vida.
O sorriso é o alegre passarinho cantando em sua janela.
O sorriso é o brincar da criança em seu rosto.
O sorriso é o balé dos pássaros no azul do céu.
O sorriso é o esvoaçar da borboleta na flor de seus lábios.
O sorriso é a sinfonia triunfal da mente.
O sorriso é o coração iluminando seu rosto.
O sorriso é a seriedade arrependida.
O sorriso é a emissora da mente e o jornal do coração.
O sorriso é o cântico da mente alegre.
O sorriso é a sobremesa da alegria.
O sorriso é o carimbo da suprema inteligência.
O sorriso é a música alegre da Bandinha Feliz no coreto da alma.
O sorriso é o oásis do deserto.
O sorriso é a mais linda vestimenta do espírito.
O sorriso passeia pelos lábios assobiando a *Valsa dos cisnes brancos*.
O sorriso é filho da risada e neto da gargalhada.
O sorriso é a porta de entrada do paraíso.
O sorriso é o galho que abriga os passarinhos da alegria.
O sorriso é a brisa das noites quentes da vida.
O sorriso é o artigo primeiro e único da Constituição dos Anjos.
O sorriso é a oração dos sábios.
O sorriso é o infinito expresso no finito de seu rosto.
O sorriso é a doce embriaguez da alegria.

O sorriso é o fogo de artifício da festa interior.

O sorriso é o céu azul brincando com as nuvens.

O sorriso é o cântico da mente alegre.

O sorriso é o cantarolar do riacho pelas campinas da alma em dia de primavera.

O sorriso é a carta-testamento dos bem-aventurados.

O sorriso é o sol do coração saindo pela janela dos olhos.

19

Todos os caminhos levam ao sorriso

O espelho serve para você sorrir para si.

As lágrimas servem para provar que, depois da tempestade, vem o mais lindo sorriso ensolarado.

Enganos e equívocos servem para você sorrir complacente.

Ofenderam-no? Sorria da ignorância alheia.

Deram-lhe o último lugar? Sorria e pense que os últimos serão os primeiros.

Quer matar a depressão? Sorria.

Quer refazer as energias perdidas com o estresse? Sorria.

Quer dar um presente precioso, econômico e inesquecível a alguém? Sorria.

Quer agradar alguém? Sorria.

Quer elogiar alguém? Sorria.

Quer brincar com alguém? Sorria.

Quer dizer que ama alguém? Sorria.

Quer amar alguém? Sorria.

Quer felicitar alguém? Sorria.

Quer aprovar a atitude de alguém? Sorria.

Quer perdoar alguém? Sorria.

Quer estar acima das contrariedades? Sorria.

Quer sentir-se vencedor? Sorria.

Para que serve a flor? Para você sorrir diante de sua beleza e de seu perfume.

Para que serve a conversa? Para criar motivos de sorriso.

Para que serve a noite? Para sorrir às estrelas.

Para que serve o outro? Para sorrirem a dois.

Para que serve a chuva? Para marcar o compasso de seu sorriso.

Para que serve o Sol? Para iluminar seu sorriso.

Para que serve você? Para ser o sorriso da vida e do mundo.

20

A sabedoria milenar

Diz a *Bíblia*: "O coração contente tem um perpétuo banquete" (Pr 15,15b).

De fato, o estado de alegria é um perpétuo banquete, uma festa sem-fim.

Já o livro do Eclesiástico assinala: "A veste de um homem é o seu sorriso. Os passos do homem revelam quem ele é" (Eclo 19,27).

O sorriso, que se estampa no rosto da pessoa, é a melhor e mais linda veste que se possa usar. É como a roupa atraente que provoca reações como agrado, simpatia e admiração. Por sua vez, os passos da pessoa alegre revelam ânimo, bom humor, vitalidade e energia orgânica.

Continue lendo o Eclesiástico: "Não existe riqueza que valha mais do que um corpo sadio, nem maior satisfação do que a alegria do coração" (Eclo 30,16).

O corpo sadio depende da mente sadia, como diz a *Bíblia* em Provérbios (17,22): "Coração alegre, corpo contente; espírito abatido, secos os ossos".

É assim ensina o Eclesiástico:

"Não te deixes dominar pela tristeza e nem te aflijas com teus pensamentos. A alegria do coração é a vida do homem; a alegria do homem aumenta os seus dias. Ilude as tuas inquietações, consola o teu coração, afasta para longe a tristeza porque a tristeza matou a muitos e nela não há utilidade alguma. Inveja e cólera abreviam os dias; a preocupação traz a velhice antes da hora. Um coração contente e bom deseja iguarias, cuida da sua alimentação" (Eclo 30,22-27).

Essa passagem bíblica é uma verdadeira lição de saúde. Poderia muito bem estar no capítulo que ensina que rir é o melhor remédio.

Diz o texto anterior que a alegria é a vida do ser humano e que a tristeza já foi a causa da morte de muitas pessoas.

Aprenda com a sabedoria milenar e faça de sua vida uma festa perene.

21

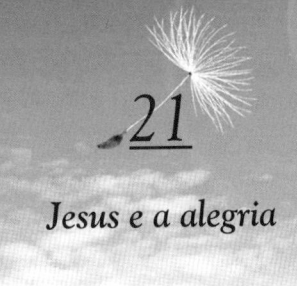

Jesus e a alegria

Penso que é importante saber o que o Mestre falou a respeito da alegria, porque há pregadores, místicos e ascetas que apregoam a severidade da vida, a penitência, o sacrifício, o sofrimento, a renúncia e a resignação.

Disse o Mestre: "Mas a vossa tristeza se transformará em alegria... e vosso coração se alegrará e ninguém mais vos tirará a vossa alegria" (Jo 16,20.22).

"Ninguém mais vos tirará a vossa alegria", acentuou ele (cf. Jo 16,22).

A alegria é um dom necessário ao ser humano.

Mais adiante, afirmou Jesus: "Até agora nada pedistes em meu nome: pedi e recebereis para que a vossa alegria seja completa" (Jo 16,24).

O Nazareno está ensinando que há um Poder Divino no interior do ser humano, capaz de transformar todo desejo, necessidade ou pedido em realidade. Esse conhecimento é garantia de alegria permanente na criatura humana. A própria tristeza será convertida em alegria pelo atendimento ao pedido.

Trata-se de uma revelação extraordinária, digna de figurar entre as grandes descobertas do mundo.

Certa ocasião, o Mestre estava orando e, lá pelas tantas, confidenciou ao Pai: "Agora, porém, vou para junto de ti e digo isto ao mundo, a fim de que tenham em si minha plena alegria" (Jo 17,13).

Com isso, Jesus afirmava que Seu interior era todo alegria e sua alegria se expandiria para os discípulos e para todas as pessoas.

A plena alegria de Jesus era Seu Reino dos Céus. Ele mostrou, então, que o Reino dos Céus não está nem aqui nem acolá, mas dentro de cada um.

Em uma ocasião, Ele proclamou: "O Reino dos Céus está dentro de vós" (Lc 17,21).

O Reino dos Céus é o mais perfeito estado de alegria e felicidade.

Avançando mais ainda na descrição do Reino dos Céus, Jesus comparou-o a um banquete, o que fez que um dos presentes exclamasse com entusiasmo: "Feliz de quem se banquetear no Reino de Deus!" (cf. Ap 19,9b).

Aí está clara a verdade de que o Reino de Deus não é austeridade, sacrifícios e desprezo dos bons acontecimentos da vida, mas é um banquete.

O que acontece em um banquete?

É tudo festa, alegria, música, risos, descontração, confraternização, prazer, bem-estar e vibração positiva.

A felicidade é o banquete da alma e do corpo.

Uma vez, o Cristo criticou as contradições de certas pessoas, que nunca estão contentes com nada. Ele disse:

"Com quem hei de comparar esta raça de gente? Com que se parecem eles? Parecem-se com crianças sentadas na praça, a gritarem umas às outras: 'A flauta vos tenho tocado – e não bailastes. Cânticos tristes tangemos – e não chorastes'. Veio João Batista, que não comia pão nem bebia vinho – e dizíeis: 'Está possesso do demônio'. Veio o Filho do Homem, que come e bebe, e dizeis: 'Eis aí um comilão e beberrão e amigo de coletores e pecadores'. A sabedoria, porém, é reconhecida verdadeira por todos os seus filhos" (Lc 7,31-35).

Por essa passagem do evangelho, vê-se que Jesus não praticava a austeridade de João Batista. Comia, bebia, participava de banquetes, era amigo de todas as pessoas de boa vontade, mesmo que fossem malvistas, pecadoras e prostitutas.

Tudo o que saudavelmente produz alegria, prazer e bem-estar, então por que deveria ser evitado?

O sacrifício pelo sacrifício, ou a penitência pela penitência, não tem sentido nenhum.

A busca da alegria por todos os meios positivos e saudáveis é sabedoria.

Em outra ocasião, o Mestre fala do amor e conclui dizendo que o amor culmina com a alegria.

Eis as palavras d'Ele:

"Como meu Pai me amou, assim vos tenho amado. Permanecei no meu amor. Se guardardes os meus pensamentos, permanecereis no meu amor, assim como eu também permaneço no amor de meu Pai, guardando-lhe os mandamentos. Disse-vos isto para que minha alegria esteja em vós e seja perfeita a vossa alegria" (Jo 15,9-11).

Aí está mais uma prova de que Jesus era alegre: "Para que minha alegria esteja em vós" (Jo 15,11).

Talvez você conheça de cor o ditado que diz que ninguém pode dar o que não tem. Se oferece Sua alegria, é porque o Mestre é todo alegria. Ao mesmo tempo, Ele supõe que os discípulos, aos quais falava, também eram alegres. Com certeza, eles não eram totalmente alegres, mas, graças ao envolvimento de amor, receberiam a alegria de Jesus e, então, a alegria deles seria perfeita.

Em uma das vezes em que sintetizou os princípios fundamentais da vida humana, Ele proclamou: "Bem-aventurados os que choram, porque haverão de rir" (Lc 6,21d).

Antes de tudo, é preciso salientar que Jesus não está fazendo a apologia do choro ou da tristeza, mas do riso e da alegria.

Ele está dizendo que, mesmo que agora esteja sofrendo, você é bem-aventurado, porque nesse momento, graças às palavras do Mestre, suas lágrimas serão transformadas em risos.

A bem-aventurança é o riso, não o choro.

O riso é o fruto bem-aventurado
da alegria interior.

22

Tenha a alegria da criança

"Se não vos tornardes como as crianças, não entrareis no Reino dos Céus", ensinou Jesus (cf. Mt 18,3).

Observe a sabedoria do Mestre e desmonte essa armadura rígida de austeridade, excessiva seriedade, preocupação apreensiva, medo e angústia.

Enquanto sua mente estiver tomada de qualquer pensamento ou sentimento pesado ou negativo, você não poderá alcançar o Reino dos Céus.

O exemplo mais feliz que Jesus poderia encontrar é a criança.

Contemple a criança: sua mente é leve, límpida, imediatista, positiva, agradável, despreocupada, e seus sentimentos são de amor, de confiança, de alegria, de felicidade, de carinho.

A criança não guarda rancor, não vive no passado nem no futuro: é o mais belo exemplo do hoje, aqui e agora. Esse é o estado mental perfeito, porque viver no ontem e no amanhã é estar fora da realidade.

A criança possui a mente positiva, porque sua vida é a expressão mais aproximada da sua origem transcendente.

A criança é despreocupação, porque confia nos que estão cuidando dela.

A criança não tem preconceitos de crença, de tom de pele ou de política. Gosta de brincar e relaciona-se com qualquer criança, mesmo que as famílias de ambas estejam brigadas entre si.

A criança é o exemplo vivo mais belo de Reino dos Céus.

Muitas vezes, os adultos ocultam-se atrás de palavras e de atitudes que não correspondem com sua realidade, ao passo que a criança é transparente: é o que é.

Ela é o desabrochar da vida em sua simplicidade cristalina.

A criança brinca, pula, canta, ri e fala com a ingenuidade, limpidez e vivacidade de um passarinho.

Por isso, a criança é o paraíso humano, é a felicidade feito ser humano, é o modelo perfeito para quem deseja saber como alcançar o Reino dos Céus.

Se lhe falhar qualquer das qualidades infantis, você pode ter errado a porta de seu paraíso.

E o mais impressionante é a psicologia proclamada pelo Mestre: o adulto não é modelo. O modelo de adulto ensinado nas escolas não corresponde ao restante da humanidade. A seriedade e a maturidade do adulto estão longe do modelo apresentado por Ele.

Esqueça as regras adultas, a pose e a pompa dos grandes.

Seja como a criança, e você terá o reino dos céus no seu coração.

Você já foi criança, portanto, carrega em sua personalidade a lembrança das qualidades infantis, cuja soma define o Reino dos Céus.

Qualquer momento é tempo de voltar a ser como a criança, porque toda hora é uma oportunidade de ser feliz.

Mentalize assim:

*Descanso agora a minha mente e deixo
que renasça em mim a criança alegre, feliz, esfuziante,
simples, aberta, divertida e maravilhosa que fui quando
apenas se esboçava em mim o sábio projeto existencial.
Quero, a partir deste momento, ser como a criança
que sente em todo o seu ser a alegria de viver.
Sou simples, confiante, positivo e otimista.
Acredito em mim e creio que sou guiado
divinamente em todos os meus passos,
por isso estou sempre em paz, radiante, com a
mente e o coração libertos como os pássaros do céu.
Brinco comigo mesmo, sou alegre por ser essencialmente
alegre e irradio alegria para todas as pessoas.
Minha mente é como o sol que brilha, aquece e
ilumina a mim e ao mundo, por isso estou
no Reino dos Céus.
Meu coração canta a festa da vida hoje, aqui, agora e sempre.
Sorrio, canto, pulo, caminho, brinco e me alegro,
porque eu sou a linda criança fascinante
que vive no Reino dos Céus.
Assim é e assim será!*

23

Os discípulos e a alegria

O apóstolo Paulo encerra a sua Segunda Carta aos Coríntios desta maneira: "De resto, irmãos, alegrai-vos, procurai a perfeição, encorajai-vos. Permanecei em concórdia, vivei em paz, e o Deus de amor e de paz estará convosco" (2Cor 13,11).

"Alegrai-vos", recomendava o apóstolo dos gentios (cf. 2Cor 13,11). Sim, esse é o dom de todo cristão.

G. K. Chesterton (1874-1936), teólogo e filósofo inglês, escreveu que a alegria é o segredo gigantesco do cristão.

Na Carta aos Filipenses, Paulo de Tarso volta a insistir: "Alegrai-vos sempre no Senhor! Repito: alegrai-vos!" (Fl 4,4).

O mesmo apóstolo, escrevendo a Timóteo, faz esta recomendação: "Aos ricos deste mundo, exorta-os que não sejam orgulhosos, nem coloquem sua esperança na instabilidade da riqueza, mas em Deus que nos provê tudo com abundância, para que nos alegremos" (1Tm 6,17).

Nesse texto, Paulo afirma que Deus é o abastecimento infinito e ilimitado, porque dá tudo com abundância. Essa verdade e os resultados desse conhecimento serão motivo de muita alegria.

Já o apóstolo João, na introdução de sua Primeira Carta, acentua: "E a nossa comunhão é com o Pai e com o seu filho Jesus Cristo. E isto vos escrevemos, para que a nossa alegria seja completa" (1Jo 1,3b-4).

Também ele prega a alegria para todos.

Quando todos os seres humanos deste planeta colocarem em prática o glorioso mandato da alegria, o mundo será, sem dúvida, um belo e harmonioso Reino dos Céus.

24

O que quer dos outros, seja você

É muito fácil exigir que os outros sejam alegres, bem-dispostos, agradáveis e irradiantes.

Mas e você, como é?

Lembre-se do ensinamento do Mestre Jesus: "Tudo o que quereis que os homens vos façam, fazei-o também a eles; pois é nisto que consistem a lei e os profetas" (Mt 7,12).

Não é correto pretender dos outros o que você não faz.

Quando sentir vontade de reclamar, imagine-se no outro. Se está azedo e triste, como você pode querer que o outro seja alegre e bem-humorado?

Assim como prefere a companhia de pessoas agradáveis, alegres, joviais, positivas, entusiastas, que exalam bom humor, da mesma forma os outros gostam de vê-lo com um sorriso nos lábios, irradiando alegria e cordialidade.

Se tem dificuldade, comece de qualquer jeito. O hábito vai encarregar-se de fazê-lo ficar em permanente estado de alegria.

Comece, nem que seja entreabrindo os lábios, fazendo um xis. Estou falando daquela tática usada para aparecer sorrindo nas fotografias.

Lembre-se de que o sorriso é contagiante. Tanto em você quanto nos outros.

Sorria agora mesmo. Ao fazer de seu sorriso um companheiro inseparável, você verá como as pessoas irão se aproximar e apreciar a sua companhia.

Sorriso é energia positiva. É vibração atrativa.

Cultive um leve sorriso aflorando nos lábios, e as pessoas abençoarão sua presença.

Sorria para a vida e a vida sorrirá para você. Ria e o mundo rirá com você.

Que seu sorriso não seja apenas uma conquista desse instante, mas um estado de ser, que deverá ser conservado. Lembra-se de que já falamos sobre isso?

Vou adaptar aqui uma frase atribuída a um anônimo: "Sorria sempre, para não dar aos que te odeiam o prazer de te ver triste; e para dar aos que te amam a certeza de que és feliz".

Já que estou inspirado, segue esta citação atribuída a Confúcio (551 a.C.-479 a.C.), filósofo chinês: "Quando nasceste, ao teu redor todos riam, só tu choravas. Faze por viver de tal modo que, na hora da tua morte, todos chorem, só tu rias".

Vale ressaltar que nem sempre essas frases espelham corretamente meu pensamento, mas valem como pausa revigorante. Por tudo isso, desejo que você ria mais, muito mais. Não seja avarento de risos. Distribua sorrisos por toda parte: não custa nada, mas rende enormes e preciosos dividendos.

Se você usar a prática do sorriso constante, sua vida será longa. Além disso, sua vida será intensa. Como afirmou Goethe[4]: "Na plenitude da felicidade, cada dia é uma vida inteira".

---

4 Johann Wolfgang von Goethe (1749- 1832), autor e estadista alemão.

Lembre-se, por fim, de que uma carranca indica fracasso e o sorriso aberto e descontraído é demonstração de sucesso.

Faça de cada dia um renascer feliz, maravilhoso e abençoado.

Seja gentil com os outros.

Dê sua generosa atenção às pessoas com as quais entrará em contato durante o dia. Atenda-as com boa vontade e bom humor.

Há muitos anos, guardei uma frase comigo, porque me foi de grande estímulo. Dizia assim: "A maior felicidade é fazer os outros felizes".

Sim, isso é verdade, desde que sua energia seja como a do Sol, que ilumina e aquece o mundo sem deixar de se aquecer e de se iluminar.

Quando entrar em contato com uma pessoa sorridente e feliz, procure sintonizar-se com ela, pois assim estará indo a favor da correnteza.

Jamais busque, por qualquer forma, cercear a alegria dos outros. Seria maldade refinada.

Não imite essas pessoas de mau agouro, que só se satisfazem desfazendo a alegria, o sucesso e o sorriso dos outros. Elas sempre colhem desventuras, antipatias e rechaços. Já que não são bem recebidas, tentam descarregar as próprias desgraças em cima dos demais. Continuando nesse círculo vicioso, colherão um corolário cada vez maior de doenças, sofrimentos, desânimos, depressões e desventuras.

Mas também para essas pessoas há uma solução: mudar imediatamente esse modo de ver a vida e começar a praticar o hábito do sorriso, da alegria, do otimismo e da boa vontade com todo mundo.

Ser benquisto e simpático é incompatível com a maldade, a indiferença, o mau humor e a irritabilidade.

Lembre-se de que toda alegria oferecida aos outros retorna multiplicada. É a Lei do Retorno. Ela se fundamenta nas seguintes premissas: todo o bem que você pensa, deseja, fala ou faz a alguém acontece, em primeiro lugar, em você, e retorna multiplicado. Portanto, todos os sorrisos que você espalha pelo mundo afora serão mais fogo na sua própria fogueira da alegria.

Na verdade, nada fica sem o devido pagamento nesta vida: nem o bem nem o mal. Sim, porque a vida e o universo se regem pela Lei de Causa e Efeito.

Jamais a tristeza poderá produzir alegria. Nem dez milhões de tristezas acumuladas renderão um minuto de alegria. Somente a alegria produz alegria. É a Lei de Causa e Efeito.

Todo efeito obedece rigorosamente a uma causa correspondente. Você sabe que um pé de urtigas jamais poderá produzir melancia. Não adianta reclamar ou fazer mais tentativas, porque não é da natureza da urtiga produzir melancia. Novamente, estamos diante da Lei de Causa e Efeito, ou da Lei de que Cada um Colhe o que Semeia.

Vale a pena tomar conhecimento dessa verdade, porque será de irresistível estímulo para uma vida alegre, feliz, agradável e positiva, tanto para si mesmo quanto para os demais.

25
Olhe o lado bom dos outros

Se procura somente os defeitos e as indelicadezas dos outros, você certamente os encontrará.

Muitas pessoas, depois de flagrar os defeitos de alguém, cometem a maldade de jogá-los na cara do outro, para diminuí-lo ou para abafar a alegria que ele está manifestando no momento.

Conheço pessoas que se dizem muito francas e sinceras, por isso se julgam na obrigação de apontar as falhas e os defeitos dos demais. A esse comportamento, eu não dou o nome de franqueza nem de sinceridade, mas de mau-caratismo e intolerância.

A virtude não é dizer a verdade doa a quem doer, mas ajudar positivamente a pessoa a sair de uma situação desagradável ou a superar a dificuldade.

Vale a pena lembrar mais uma vez o mandato do grande sábio Jesus: "Tudo o que quereis que os homens vos façam, fazei-o também a eles" (Mt 7,12a).

Pergunte-se intimamente se gostaria que os outros fizessem com você o que está fazendo com eles e terá como resposta a justa medida de ação.

A melhor e mais eficaz maneira de ajudar os outros a alcançarem resultados positivos é dar-lhes o exemplo.

O Método de Educação Positiva, que estou ensinando às pessoas, não visa corrigir os defeitos, mas fortalecer as qualidades.

Olhe sempre o lado bom das pessoas e incentive-o. Assim, você será muito benquisto e sua presença será sempre requisitada em todos os grupos.

Além de olhar o lado bom de cada ser humano, visualize também o lado alegre de todas as circunstâncias.

*Nada do que lhe acontece,
por pior que seja, vale um minuto
de mau humor ou de desconsolo.*

26

*Não são os outros que fazem
sua infelicidade*

As pessoas, os ambientes, os fatores externos, os acontecimentos podem ser um apoio para seu estado de alegria, mas nunca o alegrarão se você deseja ser triste, porque tristeza e alegria são realidades mentais, e só você tem livre acesso à sua mente.

Não culpe os outros, ou as situações, por sua atual depressão. Foi você quem criou sua melancolia, envolvendo-se e fixando-se nos fatos desagradáveis que ocorreram. Desagradáveis porque você assim os chamou. Se não desse nome nem importância alguma, eles nem sequer estariam ocupando os espaços da sua mente.

Há indivíduos que se desesperam porque os ovos de galinha caíram e se quebraram; outros há que aproveitam os ovos quebrados e fazem uma gostosa omelete.

Infelicidade é estado mental; da mesma forma, felicidade é estado mental. Significam que só você pode fazer-se feliz e só você pode fazer-se infeliz.

Em vez de arrumar um bode expiatório para sua tristeza, descubra uma forte razão para sua alegria.

27
Alegrias e alegrias

A ordem é ser alegre. Por todas as formas possíveis e imaginárias. Desde que não cause prejuízos a você, a outras pessoas e ao meio ambiente. Trata-se aqui de colocar o antigo princípio inspirado na famosa frase de Nicolau Maquiavel (1469-1527), em *O Príncipe* (1513): "Os fins não justificam os meios". Quer dizer, eu não tenho o direito de usar qualquer meio ruim, prejudicial, lesivo, para alcançar um fim bom. Não, os fins não justificam o uso de qualquer meio para obtê-los.

Você pode usar todos os meios universalmente benéficos para alcançar seu objetivo, no caso, a alegria de viver. Mas seus direitos devem respeitar os direitos dos outros. Ninguém pode dizer: "Eu vou tocar trombone no meu apartamento, porque isto me deixa muito alegre e satisfeito". Acontece que tocar trombone no apartamento, à noite, vai causar um enorme desconforto aos moradores vizinhos. Trata-se também da sabedoria milenar que avisa que os direitos de uma pessoa terminam onde começam os direitos de outra pessoa.

Há pessoas que usam tóxicos para criar um estado de euforia, de sonho, de libertação. Também estão incorrendo no erro de que os fins justificam os meios, pois a droga usada para alcançar a euforia é terrivelmente prejudicial ao organismo, à vida humana, à harmonia da família e até mesmo à sociedade.

Mas toda espécie de alegria, alcançada por meios benéficos, salutares e positivos, há de contribuir para o bem-estar geral da pessoa.

Esse não é o caso dos arruaceiros que atravessam a madrugada gritando pelas ruas, soltando gargalhadas estridentes, ridicularizando os transeuntes, porque isso não é alegria, mas estupidez.

Alegria é um estado interior. Esse estado radiante pode ser estimulado pelo canto, pela expressão corporal, pela conversa, pelas brincadeiras, pela diversão, pelo prazer, pelo esporte, pela música, pelo cinema, pela comédia, enfim, por qualquer meio saudável e positivo, mas só vai se tornar realidade se esse estímulo produzir um efeito benéfico na mente.

William James (1842-1910), famoso psicólogo norte-americano, certa vez escreveu: "Diz-se que a gente ri porque está alegre, mas o inverso também é verdadeiro: porque a gente ri, fica alegre".

O riso não só revela alegria, como também produz alegria. Mesmo que não esteja alegre, experimente rir, nem que de maneira superficial; continue a rir e verá que o riso criará o estado de alegria.

Foi o que disse James, e ele tinha razão.

Às vezes, seu carro não quer pegar. Você liga a chave e gira o arranque uma, duas, três, quatro, cinco vezes, até que ele pega; nesse momento, o motor faz o carro andar por si mesmo. Esse é um exemplo simplificado para lhe dizer que o riso funciona mais ou menos da mesma maneira.

Ria bastante, force o riso, continue rindo, e verá que agora o riso é espontâneo e suscitará a alegria mental. Experimente.

Solte-se. Brinque, nem que pareça um tanto quanto infantil. Se lhe contarem alguma anedota, entre na onda do riso e prossiga nessa vibrante correnteza.

Logo, logo, você será uma pessoa saudavelmente alegre.

Até mesmo nas horas complicadas e tensas, quando não sabe o que fazer nem que caminho trilhar, pare um pouco, sorria da situação, esfrie a cabeça e pense que tudo tem solução. Assim, você já estará relaxando e, na calma alegre de sua mente, a luz brilhará e a solução surgirá.

Nada de tomar medicamentos para se acalmar, ou euforizantes para se reanimar. Confie em si mesmo, em sua sabedoria interior, e você encontrará o caminho certo para resolver qualquer dificuldade.

Não perca a calma e a alegria por nada desse mundo. Sua vida vale mais que qualquer problema.

Lembre-se de que a solução sempre vem para quem acredita que tudo será resolvido na hora certa.

A você, cabe curtir cada momento de sua vida na mais vibrante alegria.

Sorria,
pois a vida é uma festa!

28
Sorria, não há problema

Lembro-me de uma anedota que ouvi há muito tempo.

Lá estava Manoel, muito satisfeito da vida, quando chegou, em disparada, todo afobado, um sujeito que foi logo falando como metralhadora:

– Manoel, volte correndo para sua casa, que ela pegou fogo. Todos os móveis foram queimados, o gado foi morto na cocheira, sua mulher está no hospital e o empregado morreu queimado.

Manoel pulou da cadeira e saiu como um bólido pela rua afora.

De repente, parou, sem fôlego, e aí conseguiu raciocinar:

– Raios?! Eu não tenho casa, não sou casado, nunca tive gado nem empregado. Estou correndo para onde?

Quem sabe você também esteja agindo da mesma maneira que Manoel?!

Sim, se está enrolado nos problemas, com cara de trovoada, empacado na vida, sem dúvida você está agindo da mesma maneira que Manoel.

Claro, porque os problemas, na verdade, não existem. Você está jogando suas alegrias fora à toa.

Tudo isso que você chama de problema não passa de elucubração mental.

Os fatos e os acontecimentos de sua vida não vão além disso. São neutros. Despidos. É sua mente que os veste com pensamentos e sentimentos de alegria ou de tristeza; de sucesso ou de fracasso; de paz ou de nervosismo; de euforia ou de depressão; de amor ou de ódio; de ânimo ou de frustração; de progresso ou de retrocesso.

A partir de seu pensamento ou de seu sentimento, o fato pende para um ou outro lado.

Você pode, pois, fazer que todos os acontecimentos de sua vida sejam portadores de alegria quando reconhece que tudo o conduzirá para frente e para o alto, mesmo que pareça o contrário.

Não perca, então, nenhum instante de alegria e de paz em face de qualquer vicissitude.

Basta que, ao amanhecer, sua mente se volte para o Infinito e peça orientação a Deus para que guie seus passos e seus atos na direção do êxito, da alegria, do bem-estar, da felicidade, da prosperidade, do amor e dos resultados positivos, e assim será.

Diz Deus na *Bíblia*: "Ao invocar-me, eu ouvirei e atenderei" (Sl 90[89]).

Não há por que perder a alegria da mente e o sorriso do rosto se você conhece essa revelação divina.

Aliás, também Jesus fez a mesma afirmação: "Pedi e recebereis, para que a vossa alegria seja completa" (Jo 16,24b).

29

E quando há problema?

Pode haver algum problema em sua vida, mas, antes de tudo, reconheça que toda dificuldade é mental. Se determinada situação não fizesse parte de seus pensamentos e sentimentos, seria um problema? Não, porque você nem saberia da existência disso que você está chamando de problema.

Os animais e as plantas não têm problemas, porque não possuem a capacidade humana de pensar. Os animais, por exemplo, agem por instinto.

Se, no entanto, estiver diante de um fato que lhe tira o sono, perturba sua paz e angustia sua mente, sugiro que faça assim:

Em primeiro lugar, separe-se do problema. Estabeleça uma distância entre um e outro. Ele lá e você cá. Pronto, agora perceba que você é você e o problema é outra coisa. Logo, você não é o problema. Assim sendo, surge límpida a verdade de que você está aqui e o problema está lá.

Em segundo lugar, do alto da sua inteligência, você conclui que o problema está lá, mas a solução

está em seu interior. Como você é a solução, essa verdade lhe deixa bem animado, descontraído e muito feliz. Sim, porque não há o problema em você, mas a solução. E quem não sabe que solução é estado mental positivo e alegre?

"Mas qual é mesmo a solução?", talvez você se pergunte ingenuamente. Com certeza, você conhece a solução. Talvez não saiba como chegar a ela.

Saber qual é a solução, eis a única condição que se exige para alcançá-la. E você sabe. Aqui estamos entrando na ciência do Poder da Mente. Uma das verdades da mente é esta: todo pensamento desejado e acreditado realiza-se no universo. O pensamento faz a forma, ele faz tudo o que existe.

De acordo com a ciência do Poder da Mente, o pensamento é realidade mental que produz a realidade física. Em contrapartida, a mente consciente age e a mente subconsciente reage de acordo.

Voltando ao nosso caso, basta você saber qual é a solução, desejá-la ardentemente e já estará acionando a Sabedoria Infinita e o Poder Infinito, que colocarão a forma verdadeira à substância mental da palavra.

Isso foi o que o Mestre ensinou: "Pedi e recebereis, porque todo aquele que pede recebe".

Só pode pedir quem sabe o que quer. Como eu disse, saber o que se quer é fácil.

Pode ser difícil saber como alcançar os objetivos. Mas, graças a Deus, essa parte não lhe pertence. Deixando-se levar pelo desejo e pela certeza de que alcançará as metas, você será conduzido indubitavelmente ao resultado. Pelo caminho que só Deus sabe.

Não pretenda ensinar a Deus como deve agir. Se você assim se portar, eu devo relembrar-lhe aquele antigo provérbio romano: "Não vá o sapateiro além dos sapatos".

Não há, portanto, motivo algum, jamais, para que você perca a alegria da vida.

Tudo conduzirá você à realização
de seus grandiosos projetos.

30

Agora sorria despreocupadamente

Medite mais uma vez sobre a mensagem que acabou de ler. Ela é sua salvação. É a fonte de suas alegrias.

A maravilha das maravilhas é que jamais haverá motivos em sua vida que o façam perder a alegria.

Renda homenagem à sabedoria do Criador, que tão inteligentemente idealizou a vida humana.

As pessoas que andam tristes e acabrunhadas pelas ruas não sabem que a alegria está tão perto delas. Mais do que isso, está dentro delas!

A desgraça do mundo é a ignorância.

Nada pior para o ser humano do que as trevas da ignorância.

Quando tenho notícia de algum suicídio, fico pensando que poderia salvar esse infeliz se estivesse lá, porque o suicídio é a mais trágica ignorância da vida. Sim, porque a salvação está dentro de cada um. A solução de qualquer dificuldade, problema ou sofrimento existe e está à espera da palavra de ordem para se manifestar. Para muitos, porém, essa palavra nunca soará e, então, morrerão na sua ignorância.

Salomão, rei de Israel e grande sábio do Antigo Testamento, disse:

A Sabedoria construiu sua casa, plantando sete colunas. Preparou o banquete, misturou o vinho e pôs a mesa. Enviou sua criada para anunciar nos pontos que dominam a cidade: "Os ingênuos venham aqui; quero falar aos sem juízo: 'Vinde comer do meu pão, e beber do vinho que misturei. Deixai a ingenuidade e vivereis; segui o caminho da inteligência'" (Pr 9,1-6).

Salomão já inicia dizendo que a Sabedoria promove o bem-estar, visto que constrói uma casa rica, uma mansão perfeita. As sete colunas são o símbolo da perfeição.

A sabedoria interior, existente no espírito da pessoa, é fonte inesgotável de bem-estar, de mesa farta, de riqueza material. É também o caminho para que os ingênuos abandonem esse tipo de vida e sejam conduzidos seguramente para a realização de seus ideais.

Todos querem ser felizes e bem-sucedidos, mas poucos o conseguem, porque não entraram em contato com a Sabedoria interior.

O apóstolo Tiago fala, em uma de suas cartas, sobre a sabedoria:

> "Se alguém dentre vós tem falta de sabedoria, peça-a a Deus, que a concede generosamente a todos, sem recriminações, e ela ser-lhe-á dada, contanto que peça com fé, sem duvidar, porque aquele que duvida é semelhante às ondas do mar, impelidas e agitadas pelo vento. Não pense tal pessoa que vai receber alguma coisa do Senhor, dúbio e inconstante como é em tudo o que faz" (Tg 1,5-8).

Alcance a Sabedoria e você conhecerá o dom da alegria perene, que há de iluminar sua vida e seus caminhos.

Não fale mais em problemas, pois eles são apenas um sintoma de falta de Sabedoria, já que a solução sempre existe e é dada como resposta ao pedido.

A Sabedoria é o melhor caminho para levá-lo à Terra Prometida da alegria sem-fim.

Em sua festa da vida, não há problemas, mas apenas degraus que o conduzirão sempre para frente, para o alto, para a plenitude da felicidade.

31

Seu personagem no palco da vida

O auditório do teatro está lotado. Três mil pessoas. A conversa segue animada. Todos aguardam ansiosamente o momento em que você vai entrar no palco para falar de sua situação atual.

Você prometeu contar tudo sobre a vida íntima. A curiosidade dos ouvintes é incontida.

– Será que ele vai contar mesmo? – pergunta uma senhora para a amiga sentada ao lado.

– Eu sei que ele é o sujeito mais triste que a tristeza. Se ele contar, até as lâmpadas chorarão de dó.

Você está no camarim, esperando a chamada para entrar no palco.

Está mais triste do que nunca, porque não tem a mínima vontade de falar de sua triste vida. Mas terá de falar.

Seus trajes são negros, os cabelos em desalinho, o rosto cerrado, um halo escuro ao redor dos olhos.

Toca a campainha. Abrem-se as cortinas do palco.

– Ah, meu Deus! – exclama você. – Chegou a hora do sofrimento!

Entra de cabeça baixa, corpo atarracado, os dentes cerrados.

"Senhoras e senhores!", começa você, com a voz mais triste do planeta.

"Fui convidado para falar de mim. E vou falar mal, porque devo confessar que não gosto deste sujeito chato que sou eu.

Na verdade, eu deveria começar esta palestra *tristológica* como certo filme de Woody Allen: 'Hoje fui aceito como sócio de um clube, mas não vou frequentá-lo jamais, pois como posso frequentar um clube que aceita como sócio um sujeito como eu?!.

Sou chato e triste. Mais triste do que chato. Bem, a ordem dos caixões não altera o defunto.

Até hoje, só tive um momento de alegria e, graças a Deus, durou pouco.

Sou tão triste que, em casa, me chamam de Zé Chorão e, no emprego, me apelidaram de Chicão Funga-funga. Meus amigos me chamam de Oceano Atlântico, porque sou amargo e só faço onda.

Não sei por que não me deixam em paz com minha tristeza.

Outro dia, fui a um velório. O defunto, vendo a minha cara pior do que a dele, ficou com pena, levantou-se e me ofereceu seu lugar.

Eu respondi:

– O defunto é você. Comporte-se como tal. Mantenha a compostura.

Minha tristeza andava tão cabeluda que, certo dia, resolvi ir a um baile para me divertir um pouco. Logo de cara, aproximou-se de mim uma moça bonita e me disse:

– Concede- me a primeira dança?

Respondi-lhe, chateadíssimo:

– Pois não, pode ficar com ela. Eu já vou embora mesmo.

Quero confessar-lhes que comecei a beber para afogar minhas tristezas, mas não adiantou nada, porque elas sabiam nadar.

O pior de tudo é que, além de chato e triste, sou pessimista.

Para mim, tudo vai mal; e se, por acaso, melhorar alguma coisa, aí me sinto pior.

Se vocês me espremerem, vai sobrar quando muito um copo de limonada, nada mais.

Sou tão pessimista que, choro todos os dias quando nasce o sol, porque o pobre coitado tem de nascer diariamente e, ainda por cima, pelado e quente.

Sou tão pessimista que quando uma pessoa dá uma risada, me aproximo condoído e digo: 'Meus pêsames!'.

Não aguento mais minha tristeza. Choro de manhã, à tarde, à noite, na hora de levantar, na hora de dormir; choro até durante o choro. Choro tanto que me apelidaram de Casa de Pobre: só tem goteira.

Por falar em pobre, sou tão pobre, mas tão pobre, que os ratos saem da minha casa com lágrimas nos olhos. Não aguentam ver tanta miséria em uma pessoa só.

Sou tão pobre que como até pedra. Isso me deixa mais triste ainda, porque toda vez que vou ao banheiro os vizinhos gritam: 'Desligue essa britadeira de uma vez!'.

Pois é, meus ex-amigos, este é o meu retrato falado e de corpo inteiro. Digo ex-amigos, porque, se aqui havia algum amigo, já era.

Aliás, não gosto de amigos. Aprecio os inimigos, porque eles me odeiam, me xingam, me põem apelidos e me batem. Só desse jeito é que sinto algum alívio em minha vida: quando param de me bater. Se não me surrarem, como posso sentir alívio?

Essa é a minha filosofia de vida.

Vou terminar meu relato, mas, por favor, não batam palmas, porque isso me deixa mais triste ainda. Quando muito, joguem alguns ovos e tomates. Ser-lhes-ei eternamente grato. Assim, além de receber o aplauso merecido, garanto as refeições deste ano.

Desculpem-me se, em algum momento, eu me portei de forma alegre. É que ainda tenho muitos defeitos e, às vezes, eu me comporto de forma incoerente.

Prometo, no entanto, tudo fazer para entristecer cada vez mais meus dias. Minha única alegria é a tristeza. E a 'vossa' presença alegra minha tristeza.

Sei que 'vossa' presença será a ausência pelo restante da vida, e isso é ótimo, porque me entristece demais.

Meus pêsames pela presença e obrigado pela ausência. Tenho maldito!"

Claro que você não é assim. Exagerei os fatos para que você não chegue nem perto dessa situação.

Aí está a caricatura de uma pessoa triste e deprimida.

Mas, se, por acaso, você se reconhecer na pele desse personagem, faça a encenação mental. É uma forma de perceber o ridículo de sua tristeza, que o torna desagradável consigo mesmo e com os outros.

O uso da imaginação é um modo muito forte para libertar-se de hábitos negativos e prejudiciais.

Ao imaginar-se relatando ao público suas desventuras, você sentirá uma irresistível vontade de sair dessa situação e tornar-se uma pessoa alegre, querida, positiva, benquista, atraente e simpática.

Graças a Deus, a vida é aqui e agora. Portanto, nesse momento, você pode criar em sua mente o modo de ser mais lindo do mundo.

Novamente no palco

Agora o teatro está novamente lotado. Todos estão aí para ouvi-lo.

Ficaram sabendo que houve uma mudança de 180 graus em sua vida e agora você é a pessoa mais alegre do mundo.

Você está no camarim, feliz da vida, aguardando o momento de entrar no palco.

Não cabe em si de alegria. Seu sorriso vai de uma orelha à outra.

De repente, abre-se a cortina e você é chamado.

Seu rosto está resplandecente, os cabelos alinhados, o corpo irradiando alegria, as roupas lhe conferindo um ar de juventude.

Entra no palco a passos firmes, cabeça levantada, sorriso espraiado nos lábios.

"Senhoras e senhores", começa você, passando os olhos iluminados de felicidade pelo auditório todo.

> "Fui, mais uma vez, convidado a falar de mim mesmo. Desta vez, vou falar bem, pois quem gosta de mim sou eu. Gosto tanto de mim que, no outro dia, me convidaram para uma viagem a Acapulco e respondi que só iria se fosse em minha companhia. É que eu sou pessoa mais alegre do mundo, por isso gosto de estar sempre comigo.
> Sou tão alegre que os amigos me apelidaram de Risadinha. Os colegas de trabalho me chamam de Pré-sal, porque minha alegria não tem fim nem fundo.

Sou tão alegre que nem os diabos me aceitariam, porque eu desmoralizaria a classe. Até o inferno me rejeitou. Alegaram que poderia estragar o ambiente.

Sou alegre e otimista. Pois é, sou tão otimista que, se vocês me jogarem ovos e tomates, agradecerei carinhosamente a refeição.

Sou, na verdade, otimista incorrigível.

Uma vez, porém, meu otimismo foi exagerado demais. Cheguei à Receita Federal e vi o letreiro que dizia: 'Pague seus impostos com um sorriso'. Foi o que fiz, mas eles preferiram o dinheiro mesmo.

Sou tão alegre que, quando morrer, quero que fixem em minha última residência – os negativos chamam de sepultura – o seguinte epitáfio: 'Este foi o único ser humano que não deu o último suspiro. Deu o último sorriso'.

Há algumas pessoas que não gostam de minha alegria: chamam-me de Bobo Alegre. Mas é preferível ser Bobo Alegre que Bobo Chato. A alegria do bobo é contagiante, ao passo que a chatice do bobo espanta todo mundo.

Pois é, meus amigos, não há nada como um sorriso depois do outro.

Lá em Portugal, as pessoas chamam-me de Comboio, porque meu rosto é como o primeiro vagão de trem que puxa um sorriso atrás do outro.

Quando Deus me criou, Ele disse: 'Agora vamos dar um corpo à alegria'. E surgiu este que vos fala. Não é exagero coisa nenhuma. Eu durmo rindo, sonho rindo, acordo rindo, como rindo e fico o tempo todo rindo da minha risada.

Aliás, uma vez, um sujeito perguntou-me admirado:

– É verdade que você anda sempre rindo sozinho?

Eu lhe respondi:

– Claro. Você, por acaso, precisa de ajuda para rir?

Um dia, um vizinho perguntou se nunca fico triste. Eu lhe respondi que não tenho tempo. De mais a mais, o médico disse-me que sou alérgico à tristeza.

Certa vez – aconteceu em uma favela do Rio de Janeiro –, uma senhora perguntou-me:

– É verdade que o senhor é muito alegre?

Respondi-lhe:

– Pois você não lê no meu rosto?

A mulher retrucou:

– Não, senhor. Eu sou analfabeta.

Pois é, minha gente. Não conheço nada mais alegre do que a alegria.

A alegria é meu pão de cada dia. Não importa se foi o diabo que amassou: pão é sempre pão.

O riso é como a sobremesa: faz bem aos olhos, é gostoso ao paladar, as pessoas acabam pedindo mais.

Além disso, aprendi que rir é o melhor remédio. Duas colheradas de riso curam até dor de cotovelo.

Bem, meus amigos e amigas, vou-me embora, mas lhes deixo uma parte da minha alegria. A outra parte levo comigo.

Agradeço a presença dos crentes e dos descrentes da alegria. A todos, deixo um alegre sorriso deslavado, temperado e gostoso. Façam bom proveito.

Obrigado pela atenção."

Desejo que nunca mais adotem a filosofia de viver em um quarto escuro à procura de um gato-preto que não existe. Agora, liguem-se ao Sol, que é redondo como a vida, quente como o amor, brilhante como a felicidade, irradiante como o riso, energético como o abraço que lhes deixo aqui.

A vida é uma festa!
Tenho dito e bendito e louvado seja".

32

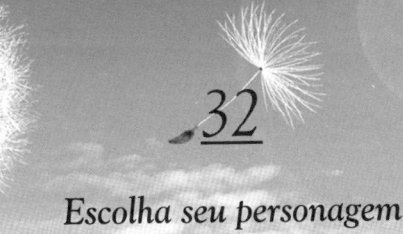

Escolha seu personagem

Após essas duas histórias, creio que você não deseja ser como o primeiro personagem, aquele sujeito triste, deprimido, hipocondríaco, negativo e pessimista.

Tenho certeza de que você simpatizou com o segundo personagem, porque a alegria, o sorriso e a felicidade são a legítima realidade da criatura humana.

Imagine-se em um palco contando para o público sua trajetória de vida. Mas que ela seja alegre, positiva, sorridente, agradável, otimista e irradiante.

Se assim não é, imagine-a com todos os detalhes mais lindos.

Ao criar essa vida feliz em sua mente, você a está gerando na realidade, porque pensar é ser.

Ninguém será o que jamais pensou. O pensamento é o grande poder criador.

A imaginação é o pensamento mais forte, mais poderoso, por isso recomendo-lhe o exercício da imaginação, pelo qual se veja em um palco a contar a autobiografia mais fascinante e feliz do planeta.

Salomão, o grande sábio da *Bíblia*, dizia que, assim como você imagina, assim é.

Use e abuse da imaginação. Narre sua vida como o mais venturoso sonho dourado, que fará que o público aplauda de pé, empolgado até a raiz do cabelo.

Assim como você imagina,
assim é.

33
Uma janela para o Sol

Alice estava desesperada.

Seu mundo havia desabado e seu coração assistia à pior tormenta da vida.

Trancada no quarto, janelas fechadas para esse mundo hostil e ingrato, ficava deitada na cama, revolvendo suas desgraças em meio à escuridão das quatro paredes.

Em vão, ela tomava comprimidos e mais comprimidos. Sua depressão não tinha fim.

Já não ligava a televisão, não ouvia rádio, não falava com ninguém e recusava-se a receber amigos e amigas.

Estava simplesmente no fundo do poço.

Alice precisava urgentemente sair desta situação, sob pena de caminhar a olhos vistos para o suicídio.

Vale mais acender um fósforo do que amaldiçoar a escuridão, mas Alice estava longe de qualquer raciocínio, de qualquer bom senso.

Cem dias de escuridão jamais produzirão um dia de alegria. Ela, no entanto, nem sequer tinha em mente esses princípios elementares da vida.

Somente a própria pessoa pode fazer a própria infelicidade e mais ninguém, mas a moça julgava-se infeliz porque a haviam jogado nessa desgraça total.

A vida pôde ter sido tenebrosa, mas cada dia traz um novo amanhecer. A infeliz, porém, acreditava que as trevas a infelicitariam para sempre.

Certo dia, uma amiga levou-lhe o livro O *poder infinito da sua mente*, para que lesse. Ela não leu. Levou-lhe o CD *Cura da depressão*. Ela não escutou.

Alice parecia um caso perdido.

Por fim, a amiga de fé foi convidá-la para participar de uma Jornada sobre o Poder da Mente, que eu realizaria naquela cidade.

De imediato, a moça rechaçou a ideia.

A amiga insistiu uma, duas, três vezes, muitas vezes, até que ela concordou.

Na manhã do primeiro dia da jornada, lá se foi a amiga, muito faceira, com os dois ingressos na mão, buscar Alice. Esta, porém, havia desistido. Nem sequer estava arrumada.

A amiga tentou convencê-la:

– Agora você tem de ir comigo. Já comprei os ingressos. Dê um jeito de se arrumar e em seguida vamos à Jornada.

– Desisti. Não vou mais. Não estou em condições.

– Vai, sim – retrucou a amiga. – Tem de ir comigo. Aqui estão nossos ingressos.

– Não vou.

A amiga perdeu a paciência:

– Sabe de uma coisa? Pode ficar aí com sua depressão, com essa droga de dor de cotovelo que eu não ligo mais. Você não colabora nem um pouquinho. Assim não dá. Vou-me embora. Já me enchi de você.

Ia-se retirando, decepcionada, quando Alice, em um raio de luz interior – aquele momento de inspiração divina que acontece na vida das pessoas –, falou:

– Está bem, espere um pouco que eu vou com você.

E foi.

A distância entre a vida e a morte, entre a tristeza e a alegria, entre a depressão e a felicidade, pode ser de apenas algumas palavras.

Como foi nesta história de Alice.

Ao final da jornada, o milagre havia acontecido. As janelas do coração e do quarto de Alice abriram-se de par em par para a vida.

O sol da alegria entrou luminoso e revigorante. Hoje, Alice não vive mais no profundo do abismo, mas no País das Maravilhas.

Sua mente aclarou-se, e Alice reconheceu que a Força está dentro dela, iluminou seu mundo interior e está vivendo em seu próprio Reino dos Céus.

Alice é, hoje, a alegria personificada.

Seus sonhos e projetos de vida foram retomados com fé inabalável e os resultados começaram a surgir.

Mais uma vez, confirma-se o ditado de que toda hora é hora de ser feliz.

A escuridão só ocorre enquanto não se abrir a janela para um raio de sol.

Se você está vivendo momentos semelhantes aos de Alice, sacuda seu torpor nesse instante e abra a janela de seu quarto.

Contemple a luz do sol, sinta a energia do universo, deixe-se impregnar com as vibrações cósmicas.

Sim, abra a janela do coração. Mentalize alegria, pense alegria, proclame alegria, grite alegria, imagine o sol da alegria penetrando a alma e iluminando seu mundo interior.

Mentalize calmamente, com fé profunda:

Eu nasci para ser feliz.
A alegria está iluminando todo o meu ser.
Deixo-me impregnar intensamente
pela energia benéfica e radiante da alegria.
Jogo fora todo o passado negativo, porque não existe mais.
Hoje é outro dia, um novo dia, que me trará
a colheita dos belos pensamentos e sentimentos
de alegria e de felicidade.
Sei que agora tudo mudou na minha vida.
Sinto uma vibração maravilhosa e infinita invadindo
a minha mente e o meu corpo e criando em mim
uma imensa alegria de viver.
Minha vida é luz, é festa, é Reino dos Céus.
Sorrio para mim e reconheço que sou filho de
Deus perfeito, irmão das estrelas, parcela da
humanidade, comunhão universal.
Sou grande pela dimensão infinita do espírito que sou.
A felicidade me inunda totalmente.
Sou todo alegria e canto a vida com todas as forças da alma.
Meu rosto iluminado, descontraído, alegre, feliz,
agradável, simpático, celestial, glorioso, é a própria
expressão da minha alegria interior.
Tenho vontade de abraçar o Sol, banhar-me na luz prateada
da Lua e percorrer a trilha sideral das estrelas, porque
minha alegria expande-me às dimensões do infinito.
Dou graças Àquele que me criou com tão grandiosos
pensamentos e tão profundos sentimentos.

Graças à vida, que explode em mim na mais
alta manifestação de felicidade.
Graças a mim mesmo, por ter compreendido que
a vida é uma festa e por decidir-me a entrar
nesta festa de corpo e alma.

Viva a vida.
Alegria, alegria.
Assim é agora e sempre.

34

Acabe com a depressão e sorria para a vida

Um dos maiores males que afligem a humanidade atual é, sem dúvida, a depressão. Essa é uma das piores epidemias dos tempos atuais.

Segundo o doutor Gerald Klerman (1928-1992), da Faculdade de Medicina da Universidade de Cornell, nos Estados Unidos, "a depressão parece ser o preço da civilização".

Dez por cento da população humana é atacada por esse terrível mal, que torna a vida insípida e sem graça.

No Brasil, segundo a Organização Mundial da Saúde (OMS), dezessete milhões de pessoas sofrem de depressão. Até se criou uma expressão popular para o fenômeno: "estar na fossa".

Esteja na fossa, ou no fundo do poço, ou na depressão, a verdade é que uma incalculável multidão, que cada dia aumenta mais, sofre do mal que poderia ser chamado de antivida, porque se expressa na falta de alegria de viver.

O deprimido é uma pessoa apagada, abatida, sem vontade, desanimada, entediada, ansiosa, triste. Seu pensamento é desconcentrado, negativo, com dificuldade imensa de tomar decisões e de fazer algo para sair da situação. Seu comportamento é apático, retraído; ela não tem vontade de fazer nada, nem mesmo de reagir a esse estado lastimável.

Como consequência, surgem problemas fisiológicos, como insônia, falta ou excesso de apetite, dores de cabeça ou nas costas, fraqueza, choro frequente e sem razão, tonturas, prisão de ventre, cansaço e por aí vai.

Se está deprimido, você sabe que está deprimido, e este é o primeiro passo da cura.

Segunda questão: será de fundamental importância buscar a causa?

Muitas vezes, gasta-se tempo enorme e precioso pesquisando a infância, na busca de traumas e complexos do passado. Frequentemente, são necessários meses de consultas para vasculhar a vida do deprimido a fim de detectar a razão da depressão.

Penso que o melhor método não é gastar tanto tempo em saber o que aconteceu, mas tratar de ver o que ocorre hoje e dar-lhe solução imediata, que já possa produzir resultados.

A essência da terapia da depressão não é a descoberta da causa, mas a cura do mal, ou seja, o que interessa ao paciente é mudar de vida hoje, aqui e agora.

O enfermo prefere ser um curado desconhecedor da causa da doença do que um deprimido esclarecido.

Não é o fato de conhecer a causa que determinará, *ipso facto*, a cura.

Suponhamos, por exemplo, que você está com sede. Tem muita sede, que aumenta cada vez mais. O fato de você conhecer a causa da sede não mudará o efeito, pois você continua sedento. Entretanto, se você bebe água, esse ato produzirá novo efeito que, por si mesmo, anula e elimina o anterior, que era a sede.

O efeito da depressão é o desânimo, a tristeza, a apatia, o cansaço.

Muda-se o efeito criando-se outra causa, que, por sua vez, gerará o próprio efeito.

Em outras palavras, ao mentalizar alegria, felicidade, saúde, vitalidade, energia física, força de vontade, positivismo, sucesso, bem-estar, essa nova causa produzirá os resultados correspondentes.

Essa nova realidade já é, por si mesma, a cura da depressão.

35

A ação da depressão sobre o corpo

A mente atua sobre toda a matéria do corpo, por isso a depressão gera também sintomas físicos. Estes, no entanto, são efeito, e não causa.

O uso de químicos estimulantes, euforizantes e excitantes vai pretender que, mudando-se o efeito, modifique-se a causa quando o inverso é verdadeiro.

Imagine uma pessoa deprimida trancada no quarto: em sua opinião, o ato de mudar de quarto acabará com a depressão? Será que ela vai desaparecer ao mudarem-se os padrões mentais, já que a causa da depressão é mental?

Calmantes, euforizantes, estimulantes e excitantes são recomendáveis quando não há jeito de fazer o paciente ajudar-se. No momento, porém, em que a pessoa consegue assumir o controle de si mesma, nada melhor para a cura do que levá-la a acionar o potencial fantástico de sua mente. Não há mal que a força interior não remova.

Se você não está convencido dessa verdade, responda-me: "Como pode um comprimido, ou químico de qualquer natureza, mudar os padrões de pensamento, o estado mental, os sentimentos de uma pessoa?".

Aqui começa o grande equívoco dos que se drogam na esperança de se tornarem pessoas animadas, cheias de vitalidade, corajosas, inteligentes, felizes, de alto-astral. O produto da droga consome energias sem repô-las, acabando por produzir, após o efeito, uma depressão maior ainda. É por isso que o drogado entra em depressão cada vez mais rapidamente, o que lhe exigirá sempre dosagens maiores e mais frequentes.

O infeliz cai em um círculo vicioso que pode ser fatal.

36

A mente age no corpo

Doutor Sang Chun Lee (1954-2004), especialista em medicina interna e alergias, disse, em uma entrevista que concedeu no Brasil:

O sistema imunológico é constituído pelos glóbulos brancos do sangue. Há muitos tipos de glóbulos brancos, mas entre os mais importantes estão os linfócitos T. Descobri por que os linfócitos T se tornam fracos. E a resposta é o estilo de vida. Os linfócitos T também enfraquecem quando a pessoa está irada, desesperada ou deprimida. Quando o indivíduo fica com raiva, por exemplo, o seu organismo produz o tipo errado de hormônio, que é a adrenalina. Este hormônio sempre enfraquece os linfócitos.

Eis aí uma das causas mentais que geram enfraquecimento e sensação de cansaço no corpo.

Uma pessoa deprimida sente prostração física. No entanto, a depressão, segundo o *Dicionário Aurélio*, é "distúrbio mental caracterizado por adinamia, desânimo, sensação de cansaço, incluindo, muitas vezes, grau maior ou menor de ansiedade".

A tristeza, o negativismo, o pessimismo, o desânimo, o medo, o abatimento, o nervosismo, o apavoramento, o complexo de culpa, o não perdão, o ódio, a desesperança, o sentimento de impossibilidade de sair de uma desgraça, o sentimento de abandono e de desprezo baixam as energias e enfraquecem sobremaneira o sistema imunológico, abrindo caminho fácil para a enfermidade orgânica.

O cérebro recebe, nesse caso, estímulos maléficos que vão criar um círculo de realimentação do mal.

Entretanto, é verdade científica que a alegria e o riso atuam salutarmente sobre o cérebro, levando-o a liberar hormônios benéficos, como a endorfina, que alivia as dores. Ao mesmo tempo, o sistema de defesa do organismo se fortalece.

Não é por nada que existe o
famoso ditado que diz:
"Rir é o melhor remédio".

37

O efeito da alegria sobre o corpo

Ser alegre é uma necessidade biológica.

Pensamentos e sentimentos de alegria produzem alegria. Essa é uma importantíssima qualidade mental. Essencial para a mente, para o corpo e para a vida.

A alegria é um maravilhoso processo de energização mental, emocional e físico.

A pessoa deprimida precisa mudar imediatamente os padrões mentais, mudando os tipos de pensamentos, imagens e sentimentos.

A mente consciente é fábrica eterna e indestrutível de pensamentos.

Desde que você acorda, até a hora de adormecer, você é uma fantástica máquina produtora de pensamentos. Pode gerar pensamentos positivos, maravilhosos, grandiosos, benéficos, felizes, alegres, saudáveis, amorosos, enriquecedores, animadores, agradáveis, como pode estar criando pensamentos deprimentes, tristes, dolorosos, doentios, enervantes e empobrecedores.

"Você é o que pensa", essa é a sabedoria da vida. Esta é a lei.

38
Como a alegria atua sobre o organismo

Pensamentos de alegria não apenas atuam sobre a mente, produzindo esse estado de ser, como também agem sobre o organismo de maneira altamente saudável.

Tarthang Tulku (1934-), professor tibetano, escreveu:

> Quando sentimentos e atitudes positivos e alegres passam através de cada órgão e circulam através de todo nosso sistema, nossas energias físicas e químicas se transformam e equilibram. Em outras palavras, temos o poder de recriar o nosso corpo por meio da energia positiva[5].

A medicina atual descobriu a inter-relação fundamental entre a mente, o cérebro e o sistema imunológico. Isso vem comprovar a interação existente entre a mente e o corpo e, mais ainda, a tese de que a mente age e o corpo reage de acordo.

A mente controla todos os órgãos, tanto no funcionamento individual quanto no complexo total, de tal forma que a pessoa,

---

[5] TULKU, Tarthang. - *Gestos de equilíbrio: guia para a percepção, a autocura e a meditação*. São Paulo: Pensamento Cultrix, 1995.

ao controlar a mente, ao mesmo tempo controla o corpo. Em resumo, tanto as doenças quanto a cura entram pela mente e se manifestam no corpo.

Essa descoberta culminou com a outra: uma pessoa alegre mantém o corpo saudável e prolonga a vida.

Pensamentos, sentimentos e emoções positivos – criados pela mente – como a alegria, as atitudes otimistas, a força de vontade contagiante, a fé, a esperançosa expectativa, a felicidade, o bom humor, o riso – agem de imediato sobre o cérebro, levando-o a liberar hormônios que aliviam o sofrimento e produzem a sensação agradável de prazer e bem-estar. Concomitantemente, produz-se o fortalecimento do sistema de defesa do organismo, cujo resultado será a rápida convalescença e a saúde perfeita.

A alegria e o riso acalmam as dores, aceleram a recuperação da saúde, fortalecem os linfócitos T e todo o sistema imunológico.

A mentalização da alegria e a prática constante do pensamento e da atitude alegre acabam rapidamente com qualquer depressão.

Onde você concentrar sua mente, aí estará concentrada sua energia.

Pense alegria, fale alegria, mentalize alegria, ore alegria, imagine alegria, e sua mente será uma poderosa usina de alegria, cuja energia fortalecerá o espírito e o corpo. Já falei sobre isso anteriormente, lembra-se?

Ria bastante. Alimente o bom humor. Mostre os dentes por meio de uma boa risada com a maior frequência possível. Desencadeie algumas sonoras gargalhadas e você estará curando a depressão pelo método mais simples e pelo remédio mais barato do mundo.

Seja feliz e sua vida será sempre uma festa.
Sem depressão, sem sensação de solidão e sem ansiedades.

39

Outros estímulos

Pratique exercícios físicos, como ginástica, natação, caminhadas, esportes, pois seu cérebro estará liberando endorfina, que vem a ser a morfina interna, a qual alivia o sofrimento e produz sensação de bem-estar.

Abra as janelas para o Sol, caminhe à luz solar, respire a energia do astro-rei.

Nada de ficar trancado em quarto escuro, pois a falta de luz solar é fator negativo para o corpo, além de ser psicologicamente depressor.

Siga, ainda, uma dieta saudável e correta, que contenha proteínas, carboidratos e folhas verdes, frutas cítricas e gema de ovo, entre outros.

Li, certa vez, que o cérebro consome cerca de setenta e cinco por cento de todo o açúcar gasto pelo corpo inteiro, o que, na verdade, significa uma razoável quantidade de combustível para um órgão que pesa um quilo e meio.

Verificou-se, em pacientes deprimidos, uma queda do produto químico cerebral chamado serotonina, que, em parte, é responsável pela tristeza. Os carboidratos repõem a serotonina; outros alimentos repõem a colina e assim por diante.

Por isso, sugiro uma dieta recomendada por nutricionista.

40

Agora mentalize...

Você está ciente de que a mente é fonte de energias e age sobre o cérebro, levando-o a liberar hormônios benéficos necessários, além de fortalecer o sistema de defesa orgânica.

Também entende como extremamente salutares os exercícios físicos, nem que seja andar em torno do quarteirão de sua casa; reconhece, ainda, a importância da energia solar e de uma alimentação adequada.

Agora, use a poderosa força da sua mente por meio desta mentalização:

*Eu sou filho de Deus perfeito e desejo, neste momento,
que essa perfeição se manifeste plenamente em mim.
A Força infinita explode as energias da alegria que
inundam minha mente e meu corpo, produzindo saúde total.
Destituo de mim o passado negativo e proclamo que agora
eu sou alegre, positivo, bem-humorado, bem-disposto e saudável.
Sinto-me forte e a força de vontade me incentiva a trabalhar,
a caminhar, a fazer exercícios, a conversar, a divertir-me
e a agir para a realização dos meus grandiosos projetos de vida.*

Meu coração está repleto de luz e de amor.
Eu amo a mim mesmo, amo a vida, amo o universo,
amo a Deus, amo todas as criaturas e estou atraindo
muito amor para mim.
Uma energia vigorosa vibra em mim e tenho vontade
incontida de refazer minha vida, retomar meus ideais,
realizá-los todos, um por um.
Eu posso e sei que posso.
Sorrio para a vida e ela sorri para mim.
Minha vida está mais linda do que nunca,
porque minha mente está alegre e feliz.
Meu corpo está recebendo emissões curadoras por
meio da reação do meu cérebro, este amigo inteligente,
bondoso, generoso e sábio, que se encarrega de
restabelecer a harmonia do organismo.
Eu sou feliz.
Minha vida é meu paraíso.
Perdoo os meus erros, os erros dos outros e o passado negativo.
Eu gosto de mim, estou em paz comigo mesmo
e irradio simpatia para todo o meu ser.
Olho-me no espelho e digo para mim:
"Eu sou feliz! Eu sou uma pessoa simpática, elegante,
equilibrada e tenho beleza interna e externa!"
Eu sou o que penso que sou.
Penso assim, logo sou assim.
E é assim que todos me verão daqui por diante.
Viva a vida! Viva a alegria!

A vida é uma festa para mim.
Hoje e sempre.

41

A alegria é o poder milagroso

Um minuto de alegria pode ter o poder de apagar dez anos de depressão. Você pode. Acredite que pode. Dê o seu grito de libertação e siga em frente sem olhar para trás. Este impulso abrirá as comportas das energias.

A força da alegria é a mesma da luz sobre um quarto escuro: elimina as trevas.

Onde há luz, não há escuridão.

Onde há alegria, não há tristeza.

Assim como um lugar não pode estar iluminado e escuro ao mesmo tempo, também não é possível que você esteja alegre e triste ao mesmo tempo.

A alegria, antes de tudo, espanta as trevas da depressão. Ao mesmo tempo, produz bem-estar físico e mental. Estou insistindo nesse ponto para que você se conscientize definitivamente de que assim é e assim será.

Se as pessoas dedicassem à alegria o tempo que dedicam para se pentear, a humanidade seria muito mais feliz.

Diz a Lei da Sabedoria que ninguém pode colher o que não semeia.

Como quererá você colher alegria se não a está plantando na sua mente? Pior ainda: há muitos que plantam tristeza e sofrimento e, depois, querem colher alegria.

Entenda que o mundo não é obra da idiotice, do acaso ou da maldade, mas da Sabedoria Infinita.

Cada causa produz o próprio efeito.

Você só começará a ser alegre se começar a mentalizar ou orar alegria. Isso você já leu, já compreende, mas a Lei da Repetição funciona de maneira admirável.

"Batei, batei, e abrir-se-vos-á", ensinou o Mestre (cf. Mt 7,7c; Lc 11,9c).

O que desejo acrescentar é o poder milagroso de seu pensamento.

Pensar é ser. Assim como uma bomba, ao explodir, destrói tudo o que havia antes naquele lugar, da mesma forma o pensamento de alegria é uma bomba positiva que explode sobre a tristeza, jogando-a em mil pedaços pelos ares.

Você está, portanto, a um minuto de distância da alegria.

Em vez de perder tempo em mil queixas e lamúrias, acenda agora mesmo o estopim da alegria.

A alegria explodirá nos céus da sua mente
como um grandioso espetáculo pirotécnico.

42

Agora mesmo

Volto a insistir que você precisa decidir-se imediatamente.

Diz o antigo ditado que não se deve deixar para amanhã o que se pode fazer hoje. Na verdade, o amanhã não existe. Sua vida só tem o hoje. Quando o amanhã chegar, transforma-se no hoje.

Se esperar para amanhã, você já entrou em descompasso com o tempo e perdeu um dia de felicidade.

Você tem o domínio sobre esse instante, e não sobre o amanhã.

A vida é um perene agora. E agora você tem absoluto domínio sobre a vida. Então, está esperando o quê?

Determine que agora você é alegre. Proclame, com todas as forças da alma, sua alegria total.

Exerça o poder do milagre. Faça com que aconteça neste instante.

Seu destino feliz depende apenas de sua decisão.

Use seu poder interior para o acontecimento certo, no momento certo. Agir assim é próprio dos inteligentes.

Você é pessoa inteligente, tenho certeza disso.

Não vacile.

Levante sua bandeira do otimismo e da alegria e deixe-a desfraldada no topo de sua mente.

Diga a si mesmo:

Agora eu sou alegre.
Vejo a minha mente límpida,
cristalina, iluminada e positiva.
Inundo-me de alegria, alegria, muita alegria.
Eu sou o que penso que sou:
"Penso alegria, sou alegria".
Meu ponto de existência é este instante
e, neste instante, sou alegre e feliz.
Minha vida, portanto, pela mais correta lógica, é alegre e feliz.
Não aceito nenhuma imagem do passado negativo,
porque isso é mera tentação que só tem apoio
na ignorância, já que o passado não existe.
Estou pensando alegria. Estou sendo alegria.
Sinto a luz brilhando nos espaços de minha
mente e de meu coração.
Entro no meu reino dos céus interior e vivo
a festa da minha vida.
Só pensamentos e sentimentos de alegria valem a pena.
Negativismos são pura perda de tempo.
Viva a minha alegria!
Viva a minha felicidade!

Eu sou feliz!
A vida é uma festa!
Assim é agora e sempre.

43

Liberte-se do estresse

Epidemia do mundo de hoje, o estresse, se não cuidado, pode causar mortes.

Vários são os fatores psicológicos que causam tal desgaste orgânico, entre eles excesso de preocupações, rotina exaustiva, tensões acumuladas, luta sem tréguas para alcançar um objetivo, vida sedentária, falta de momentos de folga e divertimentos, manter o pique por tempo exagerado, irritação constante, insônia prolongada, excessivo perfeccionismo, medo constante do futuro, temor permanente de prejuízo nos negócios, tensão no casamento, problemas familiares, angústia profissional e exposição a ruídos prolongados, entre outros.

Na verdade, isso, e tudo o mais, pode resumir-se na seguinte expressão: "tensões acumuladas".

Se consegue relaxar após cada esforço, você jamais terá estresse. Se a tensão mental ou física for prolongada, sem períodos de descanso, o estresse irá se manifestar.

O cientista Hans Selye[6] estudou profundamente o estresse e o classificou três estágios:

---

6 Hans Hugo Bruno Selye, CC, foi um endocrinologista húngaro, nascido na antiga Áustria-Hungria. Formou-se em Medicina e Química na cidade de Praga, na atual República Checa, em 1929.

O primeiro é a reação de alarme. A mente e o corpo reagem a um agente que os afeta, mandando aviso ao cérebro, que libera adrenalina para colocar o organismo em posição de alerta. Esse primeiro estágio é positivo, porque condiciona o organismo a reagir à situação, dando o melhor de si para sair-se bem. Portanto, esse impulso físico melhora a produtividade.

Se você está diante de um perigo iminente, a mente e o corpo reagem imediatamente para dar-lhe condições de superar a situação.

Esse estágio não significa estresse. É estágio de tensão, de alerta, preparação do organismo para reagir a um possível perigo. É necessário na vida. Diante do risco de agressão interna ou externa, você recebe uma carga vigorosa de adrenalina ou de noradrenalina para enfrentar a luta ou para fugir. Em pessoas equilibradas, passada a tensão, o sistema parassimpático enxuga a adrenalina circulante.

O segundo estágio é o da resistência. O hipotálamo - que é a parte do cérebro que controla as reações químicas do corpo - estimula a glândula pituitária a produzir hormônios e alterações neurais por todo o organismo durante o tempo que perdura a situação.

Se a resistência for prolongada, sem relaxar, caminhamos para o terceiro estágio, que é a exaustão. Ela tem o nome de estresse.

O organismo não pode permanecer longo tempo sob tensão sem entrar em exaustão.

Você pode, por exemplo, segurar sua mala na mão por algum tempo. Os primeiros minutos de tensão não lhe causam cansaço. Mas, se continuar segurando a mala por muito tempo, seu braço vai à exaustão e cederá.

O terceiro estágio é a exaustão, a que chamamos de estresse, como você já viu. É o estresse propriamente dito. Só quando ocorrer esse terceiro estágio é que ocorre estresse.

Se você enfrenta, alegre e animado, uma série de situações diárias e as resolve ou administra, não chegará ao estresse, porque a cada tensão sucedeu-se o alívio, a liberação da tensão.

No terceiro estágio, o corpo não consegue mais adaptar-se nem recupera o equilíbrio. Permanece sob tensão permanente e, então, surgem a hipertensão, as doenças, os tiques nervosos, o esgotamento, a insônia, as enxaquecas, as irritabilidades, as mudanças de apetite, os problemas cardíacos, a prisão de vente, as úlceras, as hemorroidas, o enfarto e a hiperglicemia, entre outros exemplos.

Piora ainda a situação para a pessoa que, em vez de relaxar e resolver o problema, se utiliza de subterfúgios como cigarros, cafés, drogas, bebidas e remédios.

Se a tensão se mantém, libere-a o mais rápido possível. Busque logo a solução. Uma corda espichada por muito tempo se rompe.

A incapacidade de resolver adequadamente e no tempo oportuno as situações vai gerar estresse.

44

O que fazer?

Os psicólogos Suzanne Quellette Kobasa e Salvatore Maddi, da Universidade de Chicago, nos Estados Unidos, estudaram centenas de executivos que eram submetidos a intensa pressão diária sem nunca adoecerem.

Constataram que havia neles traços comuns: mantinham a vida sob controle; encaravam como desafios os acontecimentos inesperados; interessavam-se por aquilo que faziam; enfrentavam imediatamente os problemas, buscando resolvê-los.

Todo problema resolvido é tensão relaxada.

Se você está estressado, faça uma lista dos assuntos que o perturbam e que precisam de solução, organize-os por ordem prioritária e vá resolvendo um por um, sem atropelo.

Acalme sua mente, discipline os pensamentos, acredite em sua capacidade de solução, afaste sua atenção do problema quando não estiver tratando dele, durma bem, relaxe muitas vezes durante o dia, domine a irritabilidade, e desgrude-se de sua cadeira de trabalho.

Procure fazer exercícios físicos, caminhadas gostosas, entre em contato com a natureza (vá à praia, às montanhas, tome sol), faça passeios, viagens, excursões, visitas agradáveis, cursos de relaxamento, biodança, ioga, e esportes, entre outros exemplos.

Adote uma alimentação adequada e saudável, inicialmente sob orientação médica.

Ouça música alegre ou relaxante.

Hall Lingerman, no livro *As energias curativas da música*[7], descobriu que, normalmente, a música para instrumentos de sopro de madeira (doces) ajuda a eliminar as tensões e os bloqueios emocionais. Os sons leves e transparentes da flauta, do flautim, do oboé, do corne inglês, do clarinete e algumas vezes do fagote, quando tocam música bonita e melódica, funcionam como maravilhosos agentes curativos para as emoções tensas.

Ele conta que, certa vez, colocou um disco de um arranjo para flauta da música *Clair de Lune*, de Claude Debussy (1862-1918), para um grupo de pessoas irritadas e tensas. Acalmaram-se e relaxaram.

Para aliviar as tensões, Lingerman sugere: *A montanha misteriosa*, de Hovhaness Galstyan (1969-); *Ária na corda de Sol*, de Johann Sebastian Bach (1685-1750); *Cânone em ré maior*, de Johann Pachelbel (1653-1706); *Concerto for balloon and orchestra*, de Rod Mckuen (1933-2015); *Concerto para flauta e harpa*, de Wolfgang Amadeus Mozart (1756-1791); *Concertos para violão*, de Mauro Giuliani (1781-1829); *Holberg Suite*, de Edvard Grieg (1843-1907); *Sinfonia nº 6* (1º e 2º movimentos), de Ludwig van Beethoven (1770-1827), bem como as composições de Annunzio Paolo Mantovani (1905-1980).

Além dessas, há muitas outras músicas, de diversos estilos, que trazem inúmeros benefícios.

---

7 LINGERMAN, Hall A. *As energias curativas da música*. 9. ed. São Paulo: Pensamento - Cultrix, 1993.

45

Revendo o estresse

É bom lembrar que não é o trabalho em si que produz estresse. Milhões de pessoas trabalham tanto quanto aquelas que são estressadas e não sofrem de estresse.

O trabalho é a maneira pela qual o ser humano contribui para a construção não só de uma vida melhor, mas também de um mundo melhor. Essa visão do trabalho não acarreta estresse.

Estressar-se é ir contra a correnteza da vida, o que provoca cansaço e esgotamento.

Há pessoas que são frágeis diante de certos acontecimentos desagradáveis e perdem o sono, não se alimentam, abatem-se. Em consequência, adquirem estresse e afundam no poço da depressão.

46
Como a mente deve agir

A cura do estresse começa pela mente.

Analise a situação e reconheça que, da forma como está levando o problema, não encontrará solução, mas o agravará mais.

A ciência do Poder da Mente afirma e confirma a existência de um poder ilimitado, em todo ser humano, que é acionado pelo pensamento definido e definitivo.

Mude, portanto, os padrões de pensamentos e mudará a situação.

Antes de tudo, defina o que é que você quer. Ora, você sabe o que quer! Deseja que as situações tal e tal estejam resolvidas satisfatoriamente. Muito bem, agora diga para si mesmo o que significa para você uma solução satisfatória para aquela situação. Descreva a situação satisfatória. Especifique-a. Imagine-a. Ótimo! Você criou a solução verdadeira e real na sua mente. A solução está solidificada na mente e, estando clara na mente, com certeza se materializará. É assim que funciona a lei da mente.

"Mas e o problema?", questionará você.

"O problema desapareceu porque você criou a solução. Agora há a solução, e não o problema."

Como você viu, em primeiro lugar é preciso criar uma atitude positiva.

Faça assim: mentalize o que você quer, imagine o fim desejado, siga por esse caminho e com certeza tudo chegará a bom termo. Por exemplo, clarifique o que deseja para sua vida pessoal, familiar, social e econômica, exponha detalhes, comece a agir e verá que o sucesso acontecerá.

E nunca se esqueça de cultivar a alegria, desde o amanhecer até a hora de deitar.

Não há nada de difícil nisso. Tudo é questão de hábito.

Reconheça que Deus é em você e que você e o Deus que habita seu interior são a força mais poderosa do mundo.

Voltando ao assunto do estresse, um conselho: faça uma coisa de cada vez, ordenadamente, até que consiga assumir o controle total de todas as suas atitudes diárias.

Quando se propõe a fazer o trabalho de duas pessoas, você acaba fazendo o de nenhuma.

O equilíbrio é o bom senso.

Seja sempre otimista. Pare de se lamentar. Nem você nem ninguém se sentem bem com suas lamúrias.

Em vez de criticar e amaldiçoar o mundo, mude-o. É fácil. Basta mudar sua mente.

O otimismo é a energia da mente. É a fé em seu poder ilimitado.

Otimismo consciente é sabedoria. Já falei sobre isso, lembra?

Outra qualidade que você deve cultivar é a do perdão. Perdoar significa demitir o mal que está na mente. Perdoe seus erros, o passado, os fracassos e sofrimentos.

Diga para si mesmo, com sinceridade e espírito desportivo, tal como fazem os locutores de televisão: "Desculpe a minha falha".

Seja tolerante. Tenha uma mente flexível. Aprenda a ter jogo de cintura diante de situações irritantes.

Não seja agressivo e hostil, porque a hostilidade é um fator de risco de problemas cardíacos.

Aprenda a retirar o estopim das bombas raivosas e sorria das situações. Por nada neste mundo, vale a pena irritar-se e estragar seu dia e sua vida.

O cemitério está cheio de irritados.

Um conselho: diante de uma situação desagradável ou enervante, relaxe, levante-se e saia um pouco para respirar novos ares. Espaireça durante alguns minutos e verá como isso lhe faz bem.

Uma vez, aprendi que a ofensa é como uma mancha de barro: se espera secar, o barro será retirado com a maior facilidade.

Faça meditações de vinte minutos diariamente, se possível.

A meditação alivia as tensões e produz positiva interação entre a mente, o cérebro e o sistema imunológico.

47

Mentalize sucesso e alegria

F aça a seguinte mentalização, ao deitar-se e ao acordar.

Eu sou a pessoa que mais gosta de mim, por isso
poupo minha mente e meu corpo de tensões
desnecessárias e estressantes.
Acredito que em mim está a solução de tudo.
Invoco o Poder Divino e a Sabedoria infinita para
me conduzirem corretamente à solução
positiva e sábia de todos os problemas.
Neste momento, eu me libero de todo estresse,
bem como das preocupações, porque entrego a solução
ao Poder e à Sabedoria Infinita que habitam meu ser.
Sinto-me livre, leve, saudável e positivo.
Tudo está dando certo. Minha vida está cada dia melhor e melhor.
O sucesso me acompanha e progrido sempre mais e mais.
O amor me ilumina e sinto imenso prazer de viver.
Sou uma pessoa alegre. Gosto de rir, de brincar, de distrair-me.
Inspiro-me no mundo alegre, descontraído e confiante
da criança para alcançar meu próprio reino dos céus.

Hoje estou mais alegre do que nunca e vou rir à vontade.
Só tenho pensamentos positivos e otimistas.
A luz interior ilumina meu caminho.
Meu dia será sempre tranquilo, agradável e bem-sucedido.
Todos gostam de mim, assim como eu gosto de todas as pessoas.
Durmo bem, sem comprimidos, e sempre tenho um
sono imediato, profundo, calmo, continuado e reparador.
Estou maravilhosamente bem.
Agora sou outra pessoa.
A vida é linda.

Sim, a vida é uma festa.
Hoje e sempre.

48
Ajuda-te que te ajudarei

A alegria de viver, a cura da depressão, do estresse e de qualquer enfermidade dependem, antes e acima de tudo, de você.

Você é o agente responsável por sua saúde e sua felicidade.

Sua alegria é um ato interno seu, assim como seu riso. De nada adiantará incumbir outras pessoas de rirem por você e de se divertirem por você.

Outras pessoas e outros agentes externos podem apenas ajudá-lo a reencontrar a alegria e a saúde.

Médicos, psiquiatras, psicólogos, analistas, conselheiros, professores, guias espirituais, por mais que façam para livrá-lo dos seus males, no fundo estão lhe dizendo: "Ajuda-te que te ajudarei" (cf. Mt 7,7).

Os remédios, os químicos, as injeções, as vitaminas, as proteínas, os sais minerais e tudo o que lhe é aplicado falam-lhe a uma só voz: "Ajuda- te que te ajudarei".

Os órgãos de seu corpo, o sistema imunológico, o sangue, as glândulas, o cérebro, os hormônios, os nervos, os músculos, os tecidos, os ossos, a pele, enfim, todo o seu corpo está gritando silenciosamente em face de qualquer doença: "Ajuda-te que te ajudarei".

O sol, a luz, o exercício físico, a ginástica, a natação, o esporte, o passeio, a música, a palavra, o livro, a *Bíblia* e o que estiver à sua disposição para melhorar sua situação não cessam de recomendar-lhe: "Ajuda-te que te ajudarei".

O marido, a mulher, os filhos, o namorado, a noiva, os familiares, os amigos, os colegas, os assistentes sociais, os líderes religiosos, os pregadores, os professores, por mais que façam por você, não deixam de alertá-lo: "Ajuda-te que te ajudarei".

"Ajuda-te que te ajudarei" é o grito inteligente e amigo de todos os seres do universo.

Significa que tudo começa por você e termina em você.

A alegria de viver já existe em você, assim como a felicidade e a energia positiva. Você as aciona pelo pensamento. Este é dom natural e exclusivo seu.

A saúde, a vitalidade do corpo a regeneração dos órgãos não têm capacidade de agir por conta própria. Estão continuamente insistindo e alertando: "Ajuda-te que te ajudarei".

Você é o que é sua mente, e sua mente é propriedade sua; só você possui acesso a ela; está sob seu domínio e sob suas ordens. Por isso, se você não se interessa por sua saúde, alegria e felicidade, nada poderá ajudá-lo.

Se, porém, busca sua saúde e alegria de viver, deseja-as ardentemente, empenha-se em consegui-las, neste caso tudo e todos estarão colaborando para que você alcance o objetivo.

Se, por exemplo, não usa a mente para criar uma composição musical, de nada valerão o papel pautado, a tinta, a caneta, os instrumentos, os músicos, as mãos, os olhos, os ouvidos, o corpo todo.

Para usar uma linguagem bem simples, comece pelo começo.

Todo início se processa na mente.

Quando houver um concreto ponto de partida na mente, Deus e o universo concorrerão para ajudá-lo a alcançar seu desiderato.

49

No começo, a mente

A mente está no começo de tudo: do bem e do mal, da felicidade e da desgraça, do fracasso e do sucesso, da saúde e da doença, do riso e da carranca, da alegria e da tristeza, do bem-estar e do estresse, da felicidade e da depressão.

"No princípio era a Palavra", escreveu o evangelista João (cf. Jo 1,1a).

A palavra é a manifestação de Deus pela mente. Antes da criação do mundo havia a mente divina. Da mente divina surgiu o "faça-se". E assim foi feito. Você precisa urgentemente reconhecer esta verdade e começar a usar a extraordinária força criadora da sua palavra positiva.

Se pensar ou falar que está mal, deprimido, estressado, angustiado, desesperançado, desanimado, abatido, sem forças, acabado, envelhecido, doente, imprestável, sua palavra produzirá e solidificará essa realidade.

Se, porém, a partir de agora, determinar, por sua palavra criadora e milagrosa, que é alegre, feliz, bem-humorado, agradável, satisfeito, saudável, forte, cheio de energia, positivo, otimista, bem-sucedido, iluminado de amor, tranquilo, radiante e irradiante, assim é e assim será.

Muitas pessoas acamadas, desanimadas e prostradas espiritualmente se queixam de que os remédios não fazem efeito. Claro, os remédios estão gritando amorosamente: "Ajuda-te que te ajudarei" (cf. Mt 7,7).

Sacuda seu torpor mental e repita mil vezes, nas profundezas do seu íntimo: "Sou perfeito, alegre e forte".

Se as palavras saem com extrema dificuldade, continue repetindo, ainda que mecanicamente. De um jeito ou de outro, soarão no seu subconsciente como um bater constante, que acabará sensibilizando-o e desencadeando as energias curadoras e revigorantes.

Para facilitar o rompimento dessa crosta negativa, provocada pelas dores, pela doença, pela fraqueza psíquica e física, nada melhor do que fazer um profundo relaxamento. Este o levará à fonte da sabedoria e das energias, desencadeando as forças curadoras inteligentes do corpo.

Vamos, comece desde já.

Abra esta porta e já entrará no mundo fantástico da alegria de viver.

Então, proclamará que
a vida é uma festa!

50
Rir é o melhor remédio

A sabedoria bíblica, assim como a sabedoria popular e científica, chegaram à mesma conclusão: rir é o melhor remédio.

O grande sábio Salomão já dizia, há milhares de anos: "Um coração alegre serve de bom remédio, enquanto o espírito abatido virá a secar os ossos" (Pr 17,22).

Em outra ocasião, afirmou esse sábio: "O coração alegre aformoseia o rosto; mas, com a tristeza no coração, o espírito se abate" (Pr 17,22).

Essa é uma verdade reconhecida pela Psicologia e pela Medicina.

Um provérbio oriental pontifica que um coração alegre faz tão bem quanto os remédios.

Também é verdade consagrada que o bom humor prolonga a vida e ajuda a resolver dificuldades.

O corpo enfermo de uma pessoa triste ou deprimida tem fraca e lenta capacidade de regeneração. Por exemplo, um corte na pele de pessoa infeliz levará duas vezes e meia mais tempo para cicatrizar do que em uma pessoa alegre e feliz.

Os pesquisadores do National Cancer Institute, dos Estados Unidos, chegaram à conclusão de que as pessoas felizes são setenta vezes menos suscetíveis de contraírem qualquer doença, inclusive o câncer.

O médico John Schindler, em seu livro *Como viver 365 dias por ano*[8], escreveu: "Em cada emoção há modificações nos músculos, nos vasos sanguíneos, nas vísceras, nas glândulas de secreção. Sem estas alterações do corpo não haveria emoção".

Mas o que é emoção?

Segundo o psicólogo norte-americano William James (1842-1910): "Emoção é um estado da mente que se manifesta por intermédio de nítidas alterações no corpo".

Como há uma perfeita inter-relação entre a mente e o corpo, qualquer ação ou atitude mental repercute diretamente no corpo.

Em princípio, pode-se afirmar de sã consciência que todo pensamento produz alterações físicas e químicas no corpo.

Pensamentos e sentimentos alegres e agradáveis promovem alterações orgânicas que fazem a pessoa sentir-se bem.

Vou citar novamente doutor Schindler: "As boas emoções encerram o maior poder para se adquirir boa saúde. Não há outro maior... Nunca se poderá exagerar o valor 'medicinal' das boas emoções".

Não resisto a citar novamente esse autor:

> Não se esqueçam de que as boas emoções têm dois efeitos gerais. Primeiro, substituem as más emoções, que estavam produzindo perniciosa tensão; segundo, produzem determinados efeitos na pituitária, estabelecendo ótimo equilíbrio na função endócrina. É este adequado equilíbrio que proporciona o estado no qual os seres humanos exclamam: "Olé! Como estou me

---

8 SCHINDLER, John A. *Como viver 365 dias por ano*. São Paulo: Pensamento - Cultrix, 1980.

sentindo bem!". Contudo, o primeiro efeito, que é o da substituição das más emoções e da consequente tensão prejudicial, é igualmente importante[9].

É verdade que a emoção da alegria estimula a pituitária a produzir um ótimo espectro hormonal.

"Isto", acentua doutor Schindler, "exerce um efeito muito mais poderoso para a boa saúde que qualquer droga ou combinação de drogas do seu conhecimento".

Segundo ele, "uma alegre e agradável disposição, isto é, felizes emoções fundamentais, deveriam ser o objetivo central na criação dos filhos. Se as dermos às crianças, estas terão recebido o mais valioso dom, terão mais do que possam obter de qualquer outra maneira".

Muitos cientistas descobriram e ensinaram que as emoções e pensamentos alegres são altamente benéficos para a saúde.

Aí está um remédio acessível, ou melhor, grátis, que você pode adquirir na própria farmácia mental.

Para manter a mente em alto-astral e o corpo saudável, seja alegre e cultive o melhor e mais agradável ambiente de alegria.

Quer conhecer dois agentes de mau humor?

Primeiro, são os agentes físicos, como dormir tarde, barulho de mosquitos, ruídos, cama desconfortável, calor ou frio excessivos, exagero ou falta de cobertas durante o sono, refeição pesada à noite, ambiente malcheiroso ou sujo.

Segundo, estão os agentes psicológicos, como preocupações, estresse, melancolia, desânimo, fracassos, desentendimentos, ofensas, problemas, inimizades, angústias, tristezas, depressões,

---

[9] SCHINDLER, Jonh A. *Como viver 365 dias por ano.* São Paulo: Pensamento - Cultrix. 1971

pessimismo, perturbações, manias, traumas, obsessões, hipocondria, complexo de culpa.

Descarregue seu fardo. Note que as pessoas azedas, sem ânimo para viver, não têm brilho nos olhos e têm aspecto antipático.

Há um número imenso de doenças provocadas pela irritação, pelo mau humor, pela melancolia e pela tristeza.

Grite para si: "*Libertas Quae Sera Tamen*", que significa "Liberdade, ainda que tardia"[10].

Sua saúde agradecerá
permanentemente.

---

10 "Liberdade ainda que tardia" é a tradução mais comumente dada ao dístico em latim *Libertas Quae Sera Tamen*. O texto em latim foi retirado da primeira Écloga de Virgílio (70 a.C.-19 a.C.), poeta romano.

51

Divirta-se!

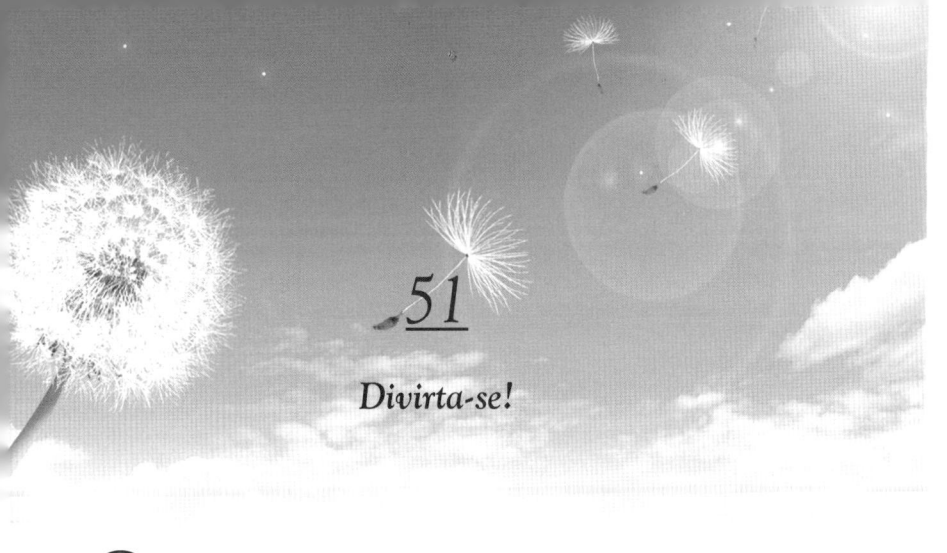

O divertimento agradável produz bem-estar e alegria.

Aproveite os momentos relaxantes e de lazer para divertir-se. Não importa o tipo de divertimento; pode ser até bastante infantil. Por sinal, brincar com as crianças, com os filhos, é um ótimo divertimento. A alegria esfuziante das crianças entrará em sua mente como um raio de felicidade.

Jesus já dizia: "Deixai vir a mim as crianças, porque delas é o Reino dos Céus" (Mc 10,14).

Os pais que nunca se permitem brincar com os filhos não sabem o que estão perdendo. Reserve momentos para brincar com os filhos pequenos.

Há hora para tudo. Hora para trabalhar, hora para estudar, hora para dormir, hora para mentalizar, hora para comer e hora para se divertir. O lazer é ponto obrigatório do calendário de qualquer pessoa inteligente e equilibrada.

Será que, verdadeiramente, você reservou horas para o lazer? Está tirando a folga merecida em meio à maratona semanal?

É bom rever seu estilo de vida.

Não vá dizer que é velho demais para rir e divertir-se, porque alegria não tem idade.

Se alegar que não tem tempo para se divertir, você terá de arrumar tempo para o hospital.

Tudo na vida possui seu ponto de equilíbrio.

Conheço pessoas que não brincam, não se divertem, não viajam em excursão, não gastam nem migalhas em lazer, porque entendem que esta é a hora de dar duro na vida e a folga ficará para a idade mais avançada. Ledo engano. Tem certeza de que alcançará essa idade pretendida?

Vamos lá, divirta-se e ria bastante não só durante as férias anuais, mas todos os dias. Faz bem a você, à família, aos amigos e vizinhos, ao mundo todo.

Não estou dizendo que deva ir todos os dias a um bar para beber. Não é isso. Aliás, esse é um método errôneo de se divertir, porque é prejudicial à saúde.

Desejo, isso sim, que aproveite as chances que se oferecem naturalmente durante o dia para rir e somar alegrias.

Na verdade, a vida é um perene chamado à alegria.

Até com seu cachorro você pode encontrar agradáveis momentos diários de divertimento. Também com outros animais de estimação, por exemplo, com o papagaio, com o gato... Enfim, se quiser se divertir ao longo do dia, encontrará convites a cada instante.

Divirta-se também cantando, tocando qualquer instrumento, dançando, agitando positivamente a corrente sanguínea. Seu corpo, revigorado, agradecerá.

Caminhadas diárias, além de emagrecer, são poderoso incentivo ao riso e à alegria.

Brinque, porque a vida é uma criança.

E aí, vai fazer da sua vida uma festa?

52

Por fim...

Conversamos bastante sobre o riso, a alegria, o bem-estar e a felicidade. Você viu que esse é o caminho da saúde e do bom relacionamento. Todos os estudiosos, pesquisadores, psicólogos e médicos concordam com esta verdade científica.

O escritor russo Leon Tolstoi (1828-1910) escreveu: "Parece-me que o sorriso, e só ele, faz aquilo que chamamos a beleza do rosto".

Agora é com você. Posso garantir-lhe que nada é difícil para quem pensa que é fácil. Muitas ideias foram repetidas para que atuem poderosamente no seu subconsciente.

Se fizer a experiência do cultivo da alegria verá multiplicarem-se suas amizades. E perceberá com surpresa que estará rejuvenescendo.

O sorriso é a melhor forma de se conseguir algo. William Shakespeare (1564-1616), dramaturgo e poeta inglês, afirmou: "É mais fácil obter o que se deseja com um sorriso do que à ponta da espada".

Por mais tensa e séria que seja sua mensagem, ela pode ser dita com a singeleza de um sorriso simpático aflorando nos lábios.

E concluo esta mensagem revelando a você um segredo que só reservo aos meus melhores amigos: "A vida é uma festa, aconteça o que acontecer".

O elo perdido entre a vida e a consciência...

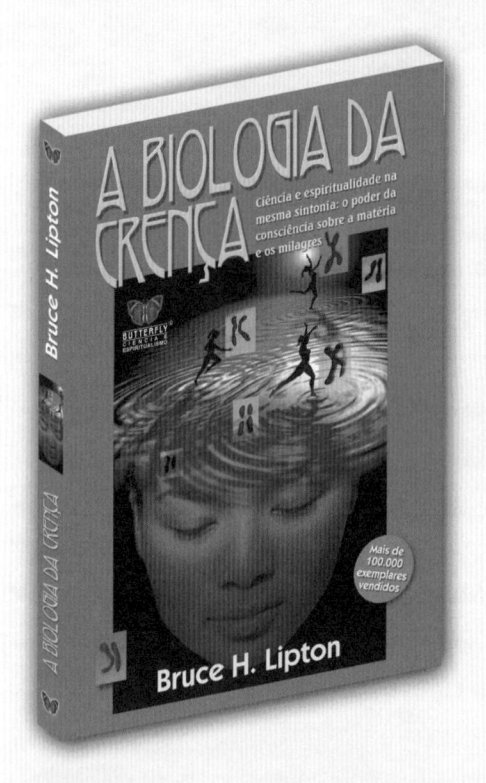

A mente é mais poderosa do que qualquer remédio!

Nesta obra, o cientista norte-americano Bruce Lipton explica não apenas como todas as células do corpo são influenciadas pelo pensamento, mas também comprova a reencarnação.

Best-seller da Butterfly Editora

Descubra como as crenças coletivas podem modificar a estrutura biológica e o comportamento das pessoas

Um mundo melhor é possível, agora!

Os autores de *Evolução Espontânea* levam o leitor para além da análise do colapso das economias ou da existência de religiões inflexíveis; eles demonstram que o caos nada mais é do que uma etapa natural do processo evolutivo, e não o final trágico de um planeta.

Mais uma obra essencial da Butterfly Editora!

Um lugar remoto, estranho, guardado e preservado por homens silenciosos e criaturas encantadas

O mito era lei e a magia uma força da natureza

Esta é a história de Sorcha, a sétima filha de um sétimo filho, o soturno Lorde Colum, e dos seus seis amados irmãos, vítimas de uma terrível maldição que somente Sorcha é capaz de quebrar. Em sua difícil tarefa, imposta pelos Seres da Floresta, a jovem se vê dividida entre o dever, que significa a quebra do encantamento que aprisiona seus irmãos, e um amor cada vez mais forte, e proibido, pelo guerreiro que lhe prometeu proteção.

Sucesso da Butterfly Editora!

Sevenwaters novamente está ameaçada por um mal invisível...

Um mal que até os Seres da Floresta temem que desperte por completo!

Os seres da floresta veem em Liadan uma oportunidade para o cumprimento da Antiga Profecia, que promete devolver as Ilhas roubadas pelos bretões aos seus verdadeiros hedeiros: os filhos de Erin. Contudo, a jovem, não parece ser cordata e obediente como sua mãe e questiona não apenas as intenções dos Seres da Floresta, como também seus métodos, recusando-se a simplesmente aceitar as ordens da Dama da Floresta...

Sucesso da Butterfly Editora!

A grande batalha de Sevenwaters e o destino da humanidade estão agora em suas mãos.

Filha da Profecia
Juliet Marillier

Fainne foi criada numa enseada isolada da costa de Kerry, sua infância dominada pela solidão.

Esta existência pacífica é ameaçada pelo surgimento da avó da jovem, a terrível lady Oonagh, que se impõe na vida na neta. Com a perversidade que a caracteriza, a feiticeira informa Fainne do legado que traz dentro de si: o sangue de uma linhagem maldita de feiticeiros, incutindo na jovem um sentimento de ódio profundo e, ao mesmo tempo, incumbindo-a de uma tarefa que a deixará aterrorizada. Enviada para Sevenwaters com o objetivo de destruir o belo local, Fainne irá usar todo o seu conhecimento mágico para impedir o cumprimento de uma profecia...

Sucesso da Butterfly Editora!